殻を突き破る
キャリアデザイン

就活・将来の思い込みを解いて自由に生きる

Career Design for Break Through

筒井美紀
Miki TSUTSUI

有斐閣

まえがき——本書の特徴と活用方法

思い込みから始まるのでオッケー

まずは，本書を手に取ってくださった方に，お礼を申し上げたいと思います。おそらくあなたは，表紙のサブタイトルや帯の文言を読んで，「あっ，自分のことを言われている！」とか「自分の役に立つかもよ？」とか，あるいはまた，「そうか，最初は思い込みをしていてもいいんだ。ちゃんと学んでいけば，就活や将来のことに自信をもって対応できる，そういうストーリーの本なんだな」と思われたのではないでしょうか。

そうなのです。どんな人間にも，思い込みや見方の偏りはつきものです。どんなに経験を積もうが，どんなに偉くなろうが，どんなに齢を重ねようが，思い込みは，人間にまとわりついて離れません。ましてや，20年かそこらしか生きていない大学生のあなたであれば，なおさらです。だから本書は，若い方々の思い込みを，一緒に考えながら解いていくことからスタートし，自由に伸びやかに生きてゆくための発想と術を身につけます。

働くこと，生きてゆくこと，日本という社会，そして世界——こうした事柄に関する思い込みは，なぜ生じるのでしょうか。その理由として大きいのは，「これがフツー」「それがあたりまえ」とあなたが思ってきた育ち方・暮らし方は，あなたにとって居心地が良くしっくりしているだけに，それ以外の多様な生き方や広い世界に関心を広げないように作用することです。

例を挙げましょう。ある日のこと，教師志望の学生が私にこう言いました。「僕は中学時代，野球部でした。公立の中学で，強豪校でも何でもなかったけれど，顧問の先生は平日も土日も祝日

も休みなく，練習に付き合ってくれたんです。野球の技術だけじゃなくて，人として大切なことも教わりました。そのお陰で，いまの僕がある。だから，生徒のために全力を尽くす教師になりたいと思います」。

どう思いましたか。「素晴らしいねえ，こういう人がいい先生になるんだよ」と，美談として受け取った人もいるのではないでしょうか。けれども，ここに思い込みないし見方の偏りが潜んでいるのです。

私は訊き返しました。
「その先生，結婚されているの？ お子さんは？」
「はい，子どもさんは小学生と中学生で3人いて，奥さんも先生で」
「ということは，お子さんの面倒はおつれ合いが全部見ているよね，きっと。『あんた，他所の子の面倒ばかり見て，わが子のことは全部私に押しつけじゃない！』って，あなたの先生のパートナーさんは，不満がいっぱいでしょうね」
「……」

家事・育児に加えて，外で働いて稼いでくるという「ダブル・シフト」をこなすパートナーのことなんて，この学生は考えたこともありませんでした。それは，〈野球を教える―教わる〉という〈教師―生徒関係〉のなかでしか，その先生のことを見ていなかったからでしょう。その関係が自分にもたらすものに満足するあまり，それ以外のこと，つまりその先生が夫であり父親であることに，関心を払う必要性も興味も感じなかったわけです。

もっと自分を大切にしよう：自分の人生に手間暇をかける

したがってこの学生は，その先生との関係以外にも関心を広げて，「公立中学の先生って，毎日どんなふうに働いているんだろ

う？ ゆっくり休む時間とか家のことをする時間とかあるんだろうか？」といった疑問も抱いたことがないし，それゆえ，「じゃあ調べてみよう」なんて思ったこともないわけです。

　まあ，小学生なら「○○になりたいです！」という願望表明だけでも可愛いもんですが，大学生なのですから，「これがフツー」「それがあたりまえ」と自分が思ってきた育ち方・暮らし方を客観的に見直して，多様な生き方や広い世界に関心を広げなくてはなりません。世の中には，知らないことがいっぱいあるのです。だから，知らなくてはならないのです。そのままでは，殻に閉じこもった人間でしかありません。

　けれども，知らないことに直面したとき，人間は往々にして，「きっとこういうことだろう」と，自分の狭い経験と知識だけに基づいて勝手に思い込むか，誰かの言うことを鵜呑みにしてしまいます。たしかに，そのほうが楽なのです。わからないから調べるとか，ほんとかなあと思って質問してみるとか，「うわっ，めんどくせー」「結論ゲットするのに，コスパ悪すぎじゃね？」って，ついつい思いますよね。

　でもみなさん，働くこと，生きてゆくこと，日本という社会，そして世界――これらは自分の将来，自分の人生のことなのです。もっともっと，これらのこと，つまり自分の人生に手間暇をかけませんか。自分の殻を突き破り，自由に生きませんか。それこそが自分を大切にすることなのです。

本書の構成

　本書は，働くことを中心とした将来のことについて，みなさんの思い込みを解いて，必要最低限の知識を提示したうえで，キャリアデザイン（学）のコツを身につけることを狙いとしています。そのため，第Ⅰ部「自分とその周りから考える」（第**1**～**3**章），第

Ⅱ部「社会のなかを手探りで進む」(第 *4*～*8* 章) という構成になっています。

第 *1* 章「『キャリア教育』とどう付き合うか？」では、「キャリア教育」って何なのか、「キャリアデザイン (学)」って何なのか、両者はどう違うのかを説明します。みなさんは、「キャリア教育」があたりまえになった時代に、「キャリア教育」をあたりまえに受けてきた世代です。だからこそ、そのあたりまえを問い直し、客観視しなければなりません。まずはこのように「キャリアデザイン (学)」の第一歩を踏み出し、その先にも少し進みます。

第 *2* 章と第 *3* 章は、「これがフツー」「それがあたりまえ」とあなたが思ってきた育ち方・暮らし方のなかで、絶対に気づいてほしい・考えてほしいなあと筆者が思う点にふれています。第 *2* 章「そのエントリーシート、中学生の作文!?」では、大学生らしい文章が書けない理由としては、実は、「大人社会は汚い、嫌だ」と思い、「キレイ」な話に安住していたいという成熟回避が大きい、ということを述べます。そこを見つめないかぎり、どんなに就活対策をしてもパフォーマンスは上がりません。

成熟回避を促している要因に　家庭教育があります。第 *3* 章「わが子を未熟にする大人」では「段取りママ」問題を取り上げて、このことを論じます。わが子の身の回りのことから将来の準備まで、何から何まで手回しの良いお母さん。「それじゃあ、子どもの自主性が育たないよね」。いえいえ、もっと深刻な問題があります。

以上、第Ⅰ部の３つの章で、学校や家庭での育ちをテーマに、みなさんの思い込みを解いたあとは、いよいよ、働くこと、生きてゆくことに関して何を知り、どんな考え方を身につけておけばよいかという、知識と知恵の増強に移ります。それが第Ⅱ部の第 *4*～*8* 章です。

まえがき

「将来の仕事について考えなさい」と言われたら，みなさんの多くは，職業（occupation）に思いをめぐらせるでしょう。でも，それだけでは視点が足りません。従業上の地位（employment status）や世帯構成（household composition）という視点でもって，人びとの働き方・暮らし方を知る必要があります。若者の非正規労働者が増えているって，どれくらい？ 男女では？ ひとり暮らし（単身世帯）は，増えたの，減ったの？ 今後はどうなりそう？ なぜいまの経済はこんなふうなの？ 具体的な統計も読み込みつつ知識を拡大するのが，第 4 章「社会人はどんなふうに働いているの？」です。この章では，ワークライフバランスについても，ありきたりな議論で満足することなく，考察を深めます。

知識の拡大というと，なんだかポジティブでカッコイイ感じがします。でも第 4 章を学ぶと，食べていくのがますます大変な世の中になっているんだなあということが痛感され，「どうしても働かなきゃダメ？」なんて言いたくなります。第 5 章「どうしても働かなきゃダメ？」は，この痛切な問いを探究します。そのために，まずは，さまざまなタイプの働いていない人びとについて考察をめぐらせます。すると，「どうしても働かなきゃダメ？」に対する自分なりの考え方を，発展させることができます。

第 6 章「機械が取って代わるジョブ」は，技術革新と人間の生活・労働について考えます。スマホや IH 電子レンジや AI エアコンに囲まれて育ったみなさんは，「快適な生活って，いいなあ。テクノロジーって素晴らしいなあ」と思っていることでしょう。でも，ちょっと考えてみてください。あなたの生活を快適にするそのテクノロジーは，あなたが就きたい職業を，無用のものにしてしまうかもしれません。「○○という職業は，10 年後にはほとんどなくなっている可能性が高い」。では，いまからどう備えればいいの？ 第 6 章は，そんなことを考えます。

こんな調子じゃあ，どんどん暗くなりそうですね。でも，「世の中，世知辛すぎる。いまの若者が上っていけるキャリアのハシゴ（キャリア・ラダー）をもっと架けなくては！」と考え行動している大人はたくさんいます。第7章「社会には扶(たす)けてくれる他者がいる」では，どこにどんな相談機関があるのかを解説します。最近，そうした内容のパンフレットやウェブサイトなどが充実してきました。本書はもう一歩進んで，「問題を抱えたときにどうするかも大切だけど，みんなが安心して気持ちよく働ける職場・社会を，みんなで協力しながらつくることが，もっと大切だよ」と述べつつ，このことをもっと気楽に捉える発想法を示します。

最後の第8章「キャリアデザインを人生に活かす」は，総まとめをします。総まとめって何だ？ それは端的に，「本書の『使用前／使用後』で，自分はどこがどう変わったか／変わってないか？」と自問し答えることです。「知らないほうが幸せだった」「もっとしんどくなった」，そんな人もいるでしょう。それはなぜでしょうか。あるいはまた，「知識が増えて良かった」「考え方が広がって嬉しかった」，そんな人もいるでしょう。何がどう良かった・嬉しかったのでしょうか。是非，これらのことを文章にし，かつ語ってください。なぜなら，キャリアデザインを人生に活かすとは，さまざまな直接・間接経験がもたらす，「幸せだ・しんどい・良い・嬉しい」といったフィーリングを表明して終わりにすることではないからです——まえがきとしては，さしあたりこう述べておきます。

本書における3つの仕掛け：手軽さ感覚・遊び感覚・本番感覚

以上が章立てでして，真面目な話をしました。でも，「真面目なだけの教科書じゃあ，読む方は面白くないよね」とつねづね思っていますので，手軽さ感覚・遊び感覚・本番感覚も重視しまし

た。そのための仕掛けが，以下の3つです。

(1) サプリメント・コラム：就活や部活で多忙な人はここだけでも

　各章の終わりなどには，コラムとして「サプリメント＝栄養補助食品」が合計10本，掲載されています。目次でそのタイトルを確認すると，「大学生の勉強方法とか，その類の話ね」と思われるかもしれませんが，実は，そうした本には載っていない，でも摂っておくとググッと馬力を出せる「お祖母ちゃんの知恵」的な「滋養強壮食品」です。このサプ・コラを読むと，勉強／部活・サークル／バイト／就活と，あなたが勝手に立てていた仕切りが取っ払われて繋がるので，パフォーマンスがぐんと上がります。

　こうしたコラムに紙幅を割いているのは，忙しいみなさんには，そのほうが使いやすく効果的だろうと考えたからです。就活真っ最中で慌ただしい，部活が大変で勉強時間が足りない，そもそも勉強なんて大嫌い，という方は，まずはこのサプ・コラだけでいいので，読んでみてください。「こんなちょっとのことを知っているかどうかで，こんなにもパフォーマンスが変わるんだ！」と「目からウロコンタクト」が起こるでしょう。

(2) 章扉クイズ：気楽に遊び感覚で

　各章の扉には，quiz が載っています。quiz という英語には，簡単な質問とか，遊びとしての質問といった意味があります。「ええ〜これからこの本，何十ページも読むの？ 学校の勉強っぽくって，何だかウザそう〜」なんて「食わず嫌い」のあなた，心配は要りません。school（学校）という英語は，もともとギリシア語の scholē（スコレー），つまり「ヒマ，討論」から来ています。「ヒマだなあ」と感じたら，「なんか面白いこと，しよう」って思

いますよね。つまり遊ぶ。そのなかで，クイズはなかなか面白い。「ねえねえ，知ってる？」ってお喋りを始めると，みんなで遊べる。「それってさあ，○○だよね〜」なんて，討論が盛り上がります。

　反対に，「私はちゃんとキャリアデザインをガ・ク・モ・ンする！」と張り切っているあなた。その本気度は素晴らしいですが，もっと肩の力を抜きましょう。学問のキモは，しかつめらしさにあるのではなく，真理・真実にふれようとすることにあるのです。真理・真実に接近するには，自分で考え抜く力と同時に，遊び感覚とユーモアもまた不可欠です。

(3)「対話的練習問題」：人生相談に乗ってみる

　各章の最後には「対話的練習問題」があります。「ん？『対話的』な『練習問題』って何だ？」——それはですね，ある人の人生相談にあなたが答える，ある人の意見に対して，理由とともに賛否を述べる，といった，対話的形式をとった問いになっている，ということです。各章で身につけてほしい知識や考え方を応用しながら，文章を書いてみてください・。

　練習問題は第 *8* 章をのぞき，2 題ずつあります。Ⅰはやさしめ・(どちらかというと)「ストリート系」，Ⅱはやや難しめ・(どちらかというと)「アカデミック系」の問題です。

　これらの練習問題は，入試やテストの論述問題と根本的に異なっています。あなたの書いたことを読んで，感情や考えが刺激されて，何か言い返したくなるであろう，生身の人間に向けて書くからです。だからそこには，新鮮で知的な緊張感があるでしょう。それは，「本番感覚」なのです。文章を書いたら，授業のメンバーや先生，あるいは友達とシェアしてみてください（本書を授業で使用してくださる方に，老「婆」心より申し上げますと，宿題やレポ

ート課題，試験問題などに活用可能です。なお，有斐閣のウェブサイトは，ウェブ・サポートとして先生方向けのインストラクションを盛り込んでいます）。

　本書は，「薄く・安く，読みやすく・軽快に，でも密度は濃く真摯に」をモットーに作りました。読みやすく・軽快にするために，日常会話の文体を使っています。「です・ます調」の使用に加えて，「そりゃまあ」とか「ツッコミ入れよう」といった，くだけた言い回しが，ところどころに出てきます。念のため申し上げますと，みなさんが論文やレポートを書くさいには，本書の文体をマネせず（マネると危険！），「だ・である調」を使ってください。どんな文章にも，その目的に適した文体があります。

　本書を読む順番としては，第 *1* 章から順に進んでいくのがオーソドックスかと思いますが，たとえば，就活真っ最中なんだけど何だかスランプだとか，手っ取り早く就活のハウツーを知って成功したいという人は，手始めに第 *2* 章を読めばよいでしょう。他方で本書は，嚙み応えも充分であるようにと，ところどころ難解な内容をもぶつけています。そういう箇所も，思いっきり背伸びをして読んでほしいなあと思います。背伸びをしてはじめて，自分の殻の外を広く見渡し，異なる他者と出会い，成長していけるからです。

　それではみなさん，しばしお付き合いください。

CONTENTS

まえがき──本書の特徴と活用方法　i
　思い込みから始まるのでオッケー　　もっと自分を大切にしよう：自分の人生に手間暇をかける　　本書の構成　　本書における3つの仕掛け：手軽さ感覚・遊び感覚・本番感覚　（1）サプリメント・コラム：就活や部活で多忙な人はここだけでも　（2）章扉クイズ：気楽に遊び感覚で　（3）「対話的練習問題」：人生相談に乗ってみる

第 I 部　自分とその周りから考える

第 1 章　「キャリア教育」とどう付き合うか？ ……… 2
　　　　──大人の言うことを真に受けなくてもいい

1　「キャリア教育」って昔からあったの？　3
　本章の目的と構成　　経済社会の変化と「キャリア教育」　「キャリア教育」の中心的主張　　「キャリア教育」の問題点

2　先生方も「キャリア教育」で悩んでいる　11
　「キャリア教育」の「お約束」的実践　　逆算方式で動機づけ　「キャリア教育」の軛（くびき）　　「個人／社会」の軸と「現実／理想」の軸とで図解する

3　どんな社会で生きていきたいか，自分の頭で考える　19
　　　──キャリアデザイン学
　キャリアデザイン学は何をするのか？　　キャリアデザイン学の学際性：哲学を出自とする問いを現代的に追究しよう　　ある意味みんなが素人の社会：キャリアデザイン学が必要だ！

CONTENTS

対話的練習問題①

第2章　そのエントリーシート,中学生の作文⁉ … 27
──けれどもそれを直せない

1　どこが大学生らしい文章になっていないのか　*29*
　本章の目的と構成　　ダメダメな箇所

2　なぜ中学生の作文レベルにとどまってしまうのか　*33*
　大人として向き合えていない　　やたら「共感しました」と答えてはいけない　　"Feel Good"でいたい:「キレイ」な話に安住する

3　就活対策してもムダ　*38*
　　──「マジで」人文・社会科学を勉強しよう
　人文・社会科学を学ぶ:汚れに対する耐性をつける　　人文・社会科学のボキャブラリー:自己を物語るためのストック　　作文ダイキライ:道徳教育と混同した作文指導の弊害　　ディテール(具体的事実)を重視せよ

対話的練習問題②

第3章　わが子を未熟にする大人 …………………… 52
──親を突き放す優しさが要る

1　「段取りママ」──愛という名の支配　*53*
　本章の目的と構成　　「段取りママ」:わかっちゃいるけどやめられない　　ハードコア系「段取りママ」　　親だって,ただの弱い人間である

2　自主性が育たないことより問題なこと　*60*
　　──大人を「家来」視する大学生
　自分の快・不快が中心　　大学でも快・不快を中心にして学ぶ傾向

3 「失敗を恐れるな」への不信　*66*
　　――自己を「ゆるす」までの苦しみ
　　大人の社会は，人様のためにずっと段取りし続けるところ　段取りとは未知への挑戦である　「失敗を恐れるな」が信じられない理由　それでも失敗を恐れる理由　小さな挑戦から始めよう

対話的練習問題③

第Ⅱ部　社会のなかを手探りで進む

第*4*章　社会人はどんなふうに働いているの？　… *76*
――実は知らない多様な生き方

1　どんな区分で「働くこと」を見るべきか　*77*
　　本章の目的と構成　仕事と生活に関する基礎用語　世帯構成と就業の有無の関係変化

2　BtoCすらよく知らない，BtoBはもっと知らない　*86*
　　BtoCの目線がうむ「有名企業」　自己啓発本では「働くこと」のリアリティはつかめない　キャリア・ヒストリー研究を読んでみよう／自分でやってみよう

3　その社会人に「夜」はあるか？　*94*
　　誰のためのワークライフバランス？　疲れがとれれば充分か？／好きで残業しているから構わないのか？　夜・芸術・内省

対話的練習問題④

CONTENTS

第5章 どうしても働かなきゃダメ？ 103
――でも，同じことを訊かれたら……？

1 「働かざる者，食うべからず」と言いたくなるとき　104
　　本章の目的と構成　　稼働能力の有無×経済的必要性の有無　　働くことの道徳化：その根底にあるもの　　どうしても働かなきゃダメ？：発展性に乏しい問い

2 みんながディーセントに働けるかを気にかけない経済　111
　　ディーセント・ワークは必要十分に存在しているか？　　雇用管理思想の変化

3 強くないプレーヤーも安心して暮らしていける社会　116
　　リスクを取れないのはダメ人間か？　　キャリア形成で扶け合える他者　　「ゆるし」は伝播する：本章のまとめ

対話的練習問題⑤

第6章 機械が取って代わるジョブ 125
――じゃあ，いま何を学べばいいの？

1 便利・快適・愉快でオッケー？　126
　　本章の目的と構成　　販売員やセールスマンとのやりとり　　減る雇用と増える雇用

2 どんな能力・技能が退化しているか　133
　　退化するとまずいもの　　不愉快な物事への耐性と対応力の退化　　実存的存在からの退化

3 ではどう備えるか――ともに経験し味わう力を養う　140
　　唯一無二の人生から疎外されないために　　現実空間に身を浸す：バーチャル空間はほどほどに　　他者の判断の根拠を問うクセをつける　　ほんとうにわからなくて困ったら人にそれを

xiii

説明する

対話的練習問題⑥

第7章　社会には扶けてくれる他者がいる　………149
――そして扶け合う人になる

- *1*　人に頼るのが不器用な学生　*150*
  本章の目的と構成　　人に頼るのが不器用な理由　　「まあ，自分が我慢すればいい」でいいのか？　　権利行使の「肩慣らし」：ここぞというときのために

- *2*　そんなときはここに相談しよう　*155*
  相談機関はネットワークを組んでいる　　労働者の権利に関する相談機関　　仕事探しに関する相談機関　　職業能力と職業教育訓練　　職業教育訓練に関する相談

- *3*　扶け合う職場をつくる――それが本当の解決　*166*
  「知は力なり」は本当か？　　分担して少しずつ背負う　　働くことの原動力：好みや能率や競争だけでなく

対話的練習問題⑦

第8章　キャリアデザインを人生に活かす　………174
――まずは相手に譲ること

- *1*　各章で言いたかったことの要約　*175*
  本章の目的と構成　　各章で言いたかったこと

- *2*　どんな社会で生きてゆきたいな？　*187*
  　　――言いたかったことを1枚の図で

- *3*　自己の本来的使命は何か？　*189*
  どうすれば気づけるのか？　　自己抑制から本来的使命へ
  おわりに：「キャリア教育」から「キャリアデザイン学」へ

対話的練習問題⑧

　引用・参考文献　　*197*
　あとがき　　*200*
　INDEX　　*203*

サプリメント・コラム
①：「セクシー」な本は自腹を切って買う――何度も書き込みバイブル化　*23*
②：板書は手で写そう――撮って安心，アホのもと　*46*
③：文具代はケチらない――身辺を整えられることが大人の証拠　*70*
④：予習のほうが復習より大切――教わる前に自力でやってみる　*91*
⑤：所要時間を記録する――自分の実力を知る　*120*
⑥：「スマホ断ち」する日をつくる――感性と知性を磨く　*142*
⑦：レポートにはタイトルを付け，第1段落に目的とあらすじを書く――書くのがグンとうまくなる　*165*
⑧：多読と精読，どっちが大事？　*173*
⑨：Late and Fast ではなく Early and Slow――緊急中毒では実力はつかない　*182*
⑩：制限時間内に質の高い文章を書くには？　*193*

本書のコピー，スキャン，デジタル化等の無断複製は著作権法上での例外を除き禁じられています。本書を代行業者等の第三者に依頼してスキャンやデジタル化することは，たとえ個人や家庭内での利用でも著作権法違反です。

第 I 部

自分とその周りから考える

第1章 「キャリア教育」とどう付き合うか？
○大人の言うことを真に受けなくてもいい

■扉クイズ①
日本で政府が「キャリア教育」をおおやけに言い始めたのはいつのことでしょう？（正解は次のページ）

A．1970 年代
B．1980 年代
C．1990 年代
D．2000 年代

1 「キャリア教育」って昔からあったの？

本章の目的と構成

「**キャリア教育**」って，何だかわかりますか。高校生のころ，ロングホームルームや「総合的な学習の時間」で，「入試突破をゴールとするのではなく，その後のキャリアも考えよう」なんて言われて，職業調べをしたりしませんでしたか。そんな活動が「キャリア教育」の一例です。

さて，**扉クイズ**①の正解は「C. 1990 年代」です。文部科学省をはじめとした政府が，「キャリア教育」を言い始めたのです。では，なぜこの時期なのでしょうか。それは，学校・大学を出て就職すること（「学校・大学から仕事への移行〈transition from school to work〉」といいます）の難しさが目立ってきたのが 1990 年代であり，それを受けて，教育界をあげて対処しなければならない，という主張が大きくなったからです。細かくいうと，1999 年 12 月に，中央教育審議会（中教審）という，文部（科学）行政のあり方を議論する会議において，「キャリア教育」という文言が初めて登場しました。

本書では，カッコを付けて「キャリア教育」とすることで，「政府や教育委員会が主張しているキャリア教育」のことを意味します。そういうルールだと理解してください。この「キャリア教育」に対して，みなさんが具体的に自分自身の「学び方」「働き方」「生き方」などを考える学問を，**キャリアデザイン学**といいます。はい，違いがよくわかりませんね。くわしい定義は第 *3* 節で述べていきます。

キャリアデザイン学を学ぶにあたってみなさんは，1990年代以降の国の（キャリア）教育政策について概略を知っておく必要があります。なぜなら，中央政府の政策が，文部科学省→都道府県教育委員会→区市町村教育委員会→各学校，という流れで，各学校の教育のあり方を左右するからであり，その内容を知ることが，みなさんが受けてきた「キャリア教育」を客観的に見て考えるには必要だからです。

みなさんが通った学校の先生方は，「キャリア教育をやらなきゃいけない。さて，わが校では／わが学年では／わがクラスでは何をしようか？」と，やる気の大小はいろいろにしても，知恵を絞っていらしたはずです。もちろん，各学校は，教育委員会そして文部科学省の言うとおりに，ロボットのように「キャリア教育」を実施しているわけではありません。各学校の先生方には裁量の余地・自由度があります。しかしまあ，とはいえ，文部科学省は教育委員会に対して，教育委員会は各学校に対して「指導・助言」というかたちで大なり小なり影響を与えています。

そこで本章では，まずは，文部科学省の「キャリア教育」政策について概略を押さえ，それを批判的に検討します（第1節）。その次に，学校の先生方も，どうやってキャリア教育をやったらいいのか悩んでいたりする，その状況や事情について考察します（第2節）。そして最後に，大学生となったからには，「キャリア教育を受ける」のではなく「キャリアデザイン学をする」ことが肝心であることを述べ，それはどういう動作をすることなのかを説明します（第3節）。

経済社会の変化と「キャリア教育」

冒頭で述べたように，学校・大学から仕事への移行の困難さは，1990年代から顕著になりました。その困難さは，**経済の変化**と

強く結びついています。ですので，経済の流れをざっくり押さえておきましょう（くわしくは第 **5** 章第 *2* 節）。

　はい，高校までに習ったことのおさらいです。1970 年代にはどんな経済的イベント（出来事）がありましたか……？　そう，石油ショック（1973 年，1976 年）です。欧米諸国はこのとき，新卒採用を極端に抑制し若者を中心に解雇を進めましたが，日本の企業は中高年の解雇・出向やパートタイマーの抑制を中心とし，新卒採用はそこまで抑制しませんでした。

　1980 年代後半にはバブル経済期に入り，新卒者の大量採用がなされました。けれども，1991 年にバブルが弾けると，1994 年に「就職氷河期」が訪れます。そのころから「新卒無業者」や「フリーター」といった言葉で，若者の働き方が問題視されるようになりました。同時に 1990 年代は，日本企業が考え方を変えて「終身（長期）雇用という規範は，もうこれまでのように守らなくてもいいのではないか。そんなことをしていたらグローバル競争に負けてしまうから」と，従業員の雇い方を大きく変え始めた時期です。単純化して言うとそれは，非正社員の割合を増やし，いままで正社員が行なっていた仕事を非正社員に担当させる，という働かせ方です。日本経営者団体連盟（日経連）が 1995 年に刊行した『新時代の「日本的経営」――挑戦すべき方向とその具体策』は，その方向でいこう，と提言しています。

　さらに 2000 年代に入ると，日本の人口減少，アジア諸国の経済発展をふまえて「日本国内でモノやサービスが売れないなら，海外で売ればいい」「わが社のために働いてくれるなら，国籍や人種・エスニシティは問わない」という企業が，いっそう増えました。非正社員の割合は，20～30 代のあいだでさらに増加します。「ニート」や「ロスジェネ」という言葉が普通に使われるようになりました。

以上の流れからわかるように，1990年代以降，学校・大学から仕事への移行が困難になったのは，景気循環（好況から不況へ）だけではなく，企業のビジネスモデル（商売の仕方と従業員の雇い方・働かせ方）が，1980年代までとは大きく異なるようになったからなのです。つまり，「景気が良くなれば，そのとき売り手市場になる（人手不足のために労働力の売り手＝求職者が有利になる）から仕事に就けるよ」という楽観を，従来のようには抱けない時代になった，というわけです。

　「経済のあり方が大きく変化し，学校・大学を出て就職することが難しくなった。生徒・学生にそのことを教えて，どうすべきか考え，備えようという自覚を高めることが，教育において肝心ではないか」。文部（科学）省がこのように考え，推進すべきだと唱え始めたのが「キャリア教育」なのです。

　なおこの主張には，厚生労働大臣や経済産業大臣なども同意し，共同で政策を進めることになりました。その最初のものが，2003年6月の「若者自立・挑戦プラン」，続いて2004年12月の「若者自立・挑戦のためのアクションプラン」……今日まで，いろいろな施策が展開されています。

「キャリア教育」の中心的主張

　上記の経緯を読んで，あなたは「そうだ，文部（科学）省の言うとおりだ」と思ったかもしれません。でも，そこで思考を停止せずに，「文部（科学）省は，具体的に何をすべきだといっているの？」と，もっとツッコミを入れましょう。そこで以下に，2つの抜粋を示します。1つめは，「小学校・中学校・高等学校　キャリア教育推進の手引」（文部科学省，2006年11月）の，冒頭部分です。2つめは，「高等学校　キャリア教育の手引き」（文部科学省，2011年11月）の，第1章からです。これらの主張から

は，どんな特徴・傾向が読み取れるでしょうか。

「キャリア教育」の目的——文部科学省（2006, p.3）より抜粋
　今日，少子高齢社会の到来や産業・経済の構造的変化，雇用形態の多様化・流動化などを背景として，将来への不透明さが増幅するとともに，就職・進学を問わず，進路を巡る環境は大きく変化しており，フリーターやいわゆる「ニート」が大きな社会問題となっています。
　このような状況の中，子どもたちが「生きる力」を身に付け，明確な目的意識を持って日々の学業生活に取り組む姿勢，激しい社会の変化に対応し，主体的に自己の進路を選択・決定できる能力やしっかりとした勤労観，職業観を身に付け，それぞれが直面するであろう様々な課題に柔軟にかつたくましく対応し，社会人・職業人として自立していくことができるようにするキャリア教育の推進が強く求められています。

「キャリア教育」の定義——文部科学省（2011, p.14）より抜粋
　「一人一人の社会的・職業的自立に向け，必要な基盤となる能力や態度を育てることを通して，キャリア発達を促す教育」。（中略）キャリア教育をより分かりやすく言い換えれば，「子ども・若者，社会の一員としての役割を果たすとともに，それぞれの個性，持ち味を最大限発揮しながら，自立して生きていくために必要な能力や態度を育てる教育」と表すこともできよう。

　文部科学省（2006, p.3）からの抜粋の第一段落を読むと，先述したように，学校・大学から仕事への移行の困難さは，経済の変化と強く結びついており，それを政府も意識していることがわかるでしょう。
　さて，ここに確認される，「キャリア教育」に関する政府の主

張の特徴・傾向は、2点指摘できます。第1点は、職に就けることが、まずもっての目標になっており、それを達成するために「勤労観、職業観」の醸成と日々の学業とを奨励していること。第2点は、「激しい社会の変化に対応」や「社会の一員としての役割を果たす」といった言葉から明らかなように、経済・社会の厳しい現状を受け入れ、それに自分を合わせていくことが強調されていること。

「キャリア教育」の問題点

　筆者は、こうした特徴・傾向に対して、批判的です。「批判的（critical）」というのは、揚げ足を取ったりケチをつけたりすることではありません（critical という英語は、criterion〈規準〉から派生したものです。つまり、ある規準を軸足にして、物事を考えるということです）。そうではなくて、**厳しい経済・社会に適応し、職に就くことを第一番の目標にするだけでは問題が多い**のだと述べたいのです。

　みなさんの多くは、「そんなこと言ったって、やっぱり就職できないと困る、だから就職を重点目標にするのはいいことだ」とか「自分を社会に合わせるよう努力するのはあたりまえじゃないか。それが嫌だというのは単なるジコチューだ」と思われるかもしれません。たしかにそのとおりなのであって、筆者は否定しません。ただし強調したいのは、それだけではキャリアを考えるさいの考え方としてまったく不充分である、ということなのです。

　本書の「はじめに」で述べたように、**学問のキモ**は、しかつめらしさにあるのではなく、**真理・真実の探究**にあります。真理・真実に接近するには、まずもって、自分にとっての「フツー」や「あたりまえ」を問い直すところから始める必要があります。自分にとって「フツー」や「あたりまえ」になっていることの多く

は，世間一般でも「フツー」や「あたりまえ」になっており，それを違和感なく受け入れた結果です。

「キャリア教育」もまた，こうした世間一般で「フツー」や「あたりまえ」になっていることの1つです。それを問い直すところから始まる学問，それが**キャリアデザイン学**です。もちろん「キャリアデザイン学」は，「キャリア教育」で言われていることのすべてを否定しているわけはありません。そうではなく，**キャリアということをもっと深く考えて，もっと深く構想（デザイン）しよう**，という発想をもっているのです。この発想には，規準（criterion）・軸足があります（それぞれの学問分野には，それぞれの規準・軸足があります）。

先ほどの，2つの抜粋に戻ってみましょう。繰り返せば，その特徴・傾向は，端的にいって，自分を既存の厳しい経済・社会に合わせ，就職できるように努力しよう，ということでした。では，それができたら，あなたの人生は充実するでしょうか。身体の奥底から，パワーや喜びが湧いてくる人生になるでしょうか。ならないと思うのです。その理由は，少なくとも2つあります。

第1に，社会（その範囲はさまざまです）や他者のほうが間違っていたり偏狭だったりすることも多く，それに合わせているだけだと，明らかに生きづらいからです。文部科学省（2006, p.3）には，「激しい社会の変化に対応」，「直面するであろうさまざまな課題に柔軟にかつたくましく対応」と，2回も「対応」という言葉が出てきています。「対応」という言葉は，異見を述べたり変化を求めたりする活動というよりは，現状への肯定ないし適応を意味する言葉です。しかしあなたには，おかしいとか違うとか思ったらそう言い，より善い生き方・社会のあり方を目指していく自由があるのです。

より善い生き方・社会のあり方に向けた行動は，自分から積極

的にSNSで訴えるとかデモに行くといったことばかりではありません。「こんなことでいま辛い」「どうしたらいいのか、もう自分はお手上げだ、助けて」と、誰かに伝えることも、社会をより善く変える行動です。「こんなことを言ったらダメ出しされるんじゃないか／嫌われるんじゃないか」といった不安や恐怖に負けないで伝えてくれたその勇気からエネルギーを得て、あなたの代わりに社会に変化をもたらすよう、もっと直接的にはたらきかけてくれる人は、世の中のいたるところにいます（この点は、第 *7* 章で詳述します）。

　第 2 に、人間は有償労働（金銭を中心とした報酬の得られる仕事）だけをして生きていくわけではなく、友達関係や恋愛、家族形成や地域の付き合いなどで、互いに与え与えられることによって、生かされる存在だからです。たしかに先の抜粋にも、「それぞれの個性、持ち味を最大限発揮しながら」という文言は入っています。けれども、職に就くことや職業観・勤労観の形成に対する力点の置き方と比べたら、いかにも付け足し的です。

　そうはいいながら本書も、働くことを中心に論じていくわけですが、ただし、「働くこと ＝（イコール）職に就くこと／職業観・勤労観の形成」という狭い見方には立っていません。だからたとえば、「どうしても働かなきゃダメ？」という痛切な問いを取り上げるのです。「キャリア教育」の信奉者なら、「こんな疑問を発する生徒や学生は、勤労観が醸成されていない！」と反応するでしょう。本書はそうしません。なぜなら、働くことを「べき論」で論じても（＝道徳化しても）、一人ひとりが元気になれるとも社会がより善くなるとも思えないからです（第 *5* 章）。

2 先生方も「キャリア教育」で悩んでいる

「キャリア教育」の「お約束」的実践

　以上，筆者が「キャリア教育」に関して問題だと考えている点とその理由について説明しました。では，「キャリア教育」は各学校でどのように取り組まれてきたのでしょうか。

　本章の冒頭で述べたように，みなさんの通った学校の先生方も，文部科学省の「キャリア教育」政策を受けて，それを実践しています。そこでみなさんも，職場体験や職業調べや大学調べなど，いろいろ経験したことと思います。そして，これらと必ずといっていいほどセットになっているのは，「現代の労働事情」についてのレクチャーです。「現代社会」や「総合的な学習の時間」，あるいはロングホームルームや進路説明会などで，聴いたことがあるのではないでしょうか。

　端的にそれは，正社員と非正社員やフリーターの年齢階級別・賃金グラフです。高校生のとき，次頁に示すグラフを見たことはありませんか。たとえば，**図 1-1 の学歴と賃金上昇**のグラフだと，先生はこんなふうに言います。「40〜44 歳のころの年収は，高卒正社員だといくらかな？　そう，約 500 万円。高卒フリーターだと 180 万円。大卒正社員は 650 万円，大卒フリーターは 200 万円だね」。あるいは，「生涯賃金（生涯で得られる賃金の合計）だと，正社員とフリーターは 2〜3 億円の差があります」。

　こんなデータを伝えつつ，決めゼリフは「正社員と非正社員にはそれぞれメリット・デメリットがあるよ。それらについて自分でよく考えて，将来どうしたいか，どうするのがいいのか，決め

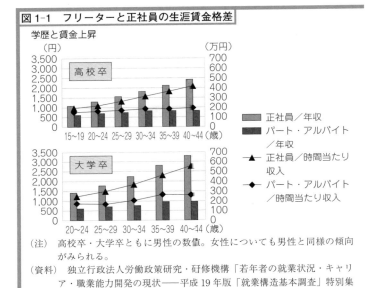

図1-1 フリーターと正社員の生涯賃金格差

(注) 高校卒・大学卒ともに男性の数値。女性についても男性と同様の傾向がみられる。
(資料) 独立行政法人労働政策研究・研修機構「若年者の就業状況・キャリア・職業能力開発の現状——平成19年版『就業構造基本調査』特別集計より」2009年。

よう」。

　こうしたレクチャーが，全国いたるところの学校で，なされてきたことと思います。「そういえば，聴いたことあるなあ」と思い出したみなさん，当時はどのように受け止めたでしょうか。「決めるのは自分だよ，って言いながら，正社員になったほうが得だよ，非正社員になると辛いよ，悲惨だよ，先生はそう言いたいんでしょ」。鋭いみなさんは，教師の「ソフトな恫喝」を，こんなふうに見抜いていたことでしょう。先生の言うとおりだな，でもなんか，ちょっと「ウザい」感じ……。

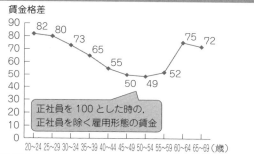

（資料）　厚生労働省「平成23年賃金構造基本統計調査結果（全国）」

　年齢が上がれば収入が増加する正社員に対して，パート・アルバイトはほとんど上がらず，横ばい状態となっており，正社員と正社員以外の雇用形態との賃金格差は，年齢が高くなるにつれ広がっていきます（45〜54歳では正社員の半分以下）。

（出所）　厚生労働省ウェブサイト「若者雇用関連データ」
(http://www.mhlw.go.jp/topics/2010/01/tp0127-2/12.html; 2016年9月7日閲覧)

逆算方式で動機づけ

　この，アンビバレンツな（二律背反的）感情が起こるのは，「ちょっとウザい感じがするけど，でも自分が親の立場に立てば，逆算方式によって生徒や子どもに学びを動機づけるだろうな」と思うからです。「目標設定→やるべきことのリストアップ→実行」というサイクルによって，「明確な目的意識を持って日々の学業生活に取り組」（文部科学省 2006, p.3）ませるわけです。

　生徒一人ひとりの個性と発達のペースを大切にして，急かさず，内側から本当の興味関心が育ってくるまでじっくり待とう——そ

りゃあ，こうできれば理想的でしょう。しかし，先生方の前には，さまざまな課題が山積みとなっています。わずか3年間と非常に時間が限られたなかで，学校は，とにかくやることが盛りだくさんな場です。生徒はなかなか勉強しないし，勉強しても（とくに苦手科目は）成績が上がらずやる気を失いがち，しかし学校として何らかの成果（進路実績）を出さなければならない……。

　だから先生方は，「目標設定→やるべきことのリストアップ→実行」という逆算方式を用いるのです。「将来やりたい仕事なんて，わかんない」という生徒には，「ボヤボヤしていると，フリーターになっちまうぞ」と「ソフトな恫喝」を行使する（したくなる）のです。そんななか，多くの先生方は，教育の理想と現実のギャップに悩まれています。「『キャリア教育』って，どこか狭いよなあ」と疑問を抱いたり，「もっといい『キャリア教育』の方法があるはずだ」と知恵を絞ったりしておられます。けれども，3年間という枠のなかで，どんどん「流して」いかざるをえない。生徒の躊躇や疑問や不満を丁寧にすくい取るのではなしに，なかば強引にひっぱっていかざるをえない。

　「よく勉強して，いい大学に入って，いい会社の正社員になるほうがいい。だから一生懸命勉強しなさい」。先生方は「働く大人（つまり労働者）」という立場から，みなさんにそうアドバイスしたのかもしれません。しかしながら先生方，とくに公立学校の先生方は，「現代の労働事情」について，よくわからない部分も多いようです。一例を挙げましょう。公立学校の先生は，法律（地方公務員法）によって，労働基本権が部分的にしか認められていません。すると，団結権・団体交渉権・争議権といってもイメ

1　逆算方式は大事なスキルですので，学生時代に磨いておいたほうがいいですよ（p.120の，ナプリメント・コラム⑤も参照）。

ージが湧かないまま，社会科の授業などで教えざるをえなかったりします（ついでにいえば，民間企業勤務者ならよくわかっているというわけでも全然ありません）。筆者は現任校で，教育実習に行く学生たちの準備クラスを担当していますが，「現代社会」で「現代の労働事情」の単元を担当させると，「ああ，『労働基本権』という太字を丸暗記するだけの授業しか受けてこなかったのだなあ」と思う模擬授業をする学生がほとんどです。

　「じゃあ，先生たちももっと勉強するべきじゃん，生徒に勉強しろってばっかり言わないでさぁ」。たしかにそのとおりです。けれども，メンタルヘルスの問題を抱えて休職する先生の数が近年急増し高止まりになっていることからも明らかなように，学校の先生方は忙しすぎます。生活指導，教科指導，進路指導，部活指導，地域・保護者との交流などで，息つく暇もありません。先生だって労働者ですが，自らの「働くこと」をじっくりふり返り，それを教育実践に活かしてゆくような余裕がないのです。

　みなさんの多くは，こうした状況・「大人（労働者）の事情」のなかで「キャリア教育」を受けてきたのです。だから本章は，そのサブタイトルを**「大人の言うことを真に受けなくてもいい」**としているのです。

「キャリア教育」の軛(くびき)

　先生の言うとおりだけど，「キャリア教育」って，なんかちょっと「ウザい」感じ……という鋭い見抜きの一方で，多くの学生は，「キャリア教育」に押しつぶされるようにして大学に入学してきているように思います。例を挙げましょう。これは，大学2年生のAくんが5月に書いた文章です。

私は自分のやりたいことが未だにわからない。中学生の進路指導や塾の先生からは将来やりたいこと，夢や目標を問われ続けてきた。今でもそれらは決まっていないのに，中学や高校の頃なんかは余計決まっているはずがない。
　しかし，先生方は進路選択のアンケートや面談などで幾度も将来のことを聞いてくる。いかにも，将来の夢や目標が決まってなくてはならないかのように。周りの生徒たちは自分の夢や目標を持っている人もいて，夢や目標を持っていない私は，ほかの人より劣っているようにさえ感じられた。
　どうしてもアンケートや面談の際に，将来の目標や夢を決めなくてはならないので，無理矢理でもそれらを考えて決めた。「公務員なら安定しているって聞くしなあ。そこら辺が無難かな」と，こんなように。自分は公務員になるんだ，と思い込むようにすらなった。

　この文章からわかるように，中高時代のAくんは，「大人の言うことを真に受け」ていました。将来やりたいこと，夢や目標なんてわかるはずないじゃないか，と，どこか疑問や反発を感じつつも，夢や目標をもっている周囲と比べて，自分は劣った人間だと引け目を感じ，ついには無理矢理，公務員に決めます。「強制された自発性」(熊沢 2006) を地でいくような「キャリア教育」の影響です。
　さて，大学入学後，Aくんはどうなったのでしょうか。実はこの文章には続きがあります。

　しかし，「やりたいことがわからないのは，精神が健全な証拠である」という言葉に出会って，決してそんなことはないと思えるようになった。この言葉のおかげで，重たかった気持ちが楽になった。何もしないのではやりたいことがわからないままである。

だから，私は，自分が一番興味関心をもっている教育分野の勉強を続け，大いに迷い，模索し続けようと思う。

　大学に入学し，大学生活を送ってゆくのは，高い山を少しずつ登っていくようなものです。高さが増すにつれて，ふっと景色を見渡すと，その視界の裾野の広がりにクラクラします。世界は広い。「いろいろなところに行く道がある。でも，どこに行けば良いんだろう」と，迷ってあたりまえです。同様に大学でも，世界が広がります。やりたいことがわからなくても当然です。

　こんなふうに気づけたAくんは，「キャリア教育」の軛(くびき)から解放されたといってよいでしょう。古典的な表現でいえば，「〜〜からの自由（freedom from X）」を得て，「〜〜への自由（freedom to Y）」に向かってゆく。彼の場合は，教育分野の勉強をすることがそれです。

　さてAくんは，いったい何に気づくことができたのでしょうか。「気づけてよかったね」で思考停止してはもったいない。これについて考えていきましょう。

「個人／社会」の軸と「現実／理想」の軸とで図解する

　それには，縦軸に個人／社会，横軸に現実／理想をとった座標平面を用いるとわかりやすい。次の**図1-2**と**図1-3**を見てください。**図1-2**は，本章でこれまで確認してきたような，典型的な「キャリア教育」です。つまり，社会に関する知識にも一応はふれるけれども，それは適応すべき現実として，それ以上はツッコミを入れず，個人の次元に関心を集中させ，自己（適性）理解や職業調べに比重を置きます。

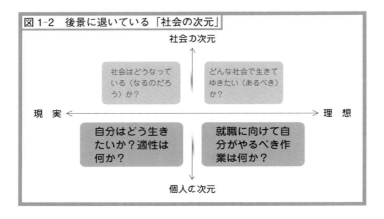

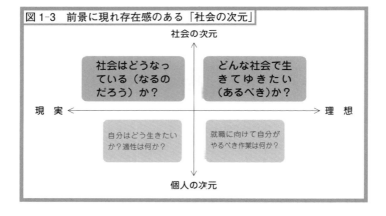

　これに対して**図 1-3** は、自己（適性）理解や職業調べを怠りはしないけれども、さしあたりその比重は小さくして、それよりも、社会の次元でもっと掘り下げをします。大学生活のなかで世界が広がり、視野が広がってきているのだから、それをもっと深めることが先だろう、という考え方です。

　A くんは、社会の次元に気がついたのです。より正確にいえば、

社会の次元にどっぷり漬かって勉強していても大丈夫だ，と自信がもてたのです。社会の次元が後景に退いて，個人の次元しかなかったときは，「目標設定→やるべきことのリストアップ→実行」というサイクルに急かされて，息苦しかったのでしょう。

3 どんな社会で生きていきたいか，自分の頭で考える
●キャリアデザイン学

キャリアデザイン学は何をするのか？

　誤解のないように念のために述べると，ここでいいたいことは，どちらのほうが良いとか悪いとかではありません。たとえば，就活に集中するときは，もちろん**図1-2**の枠組みで考えていけばいいのです。ただ，高校を出るまでは，**図1-2**の思考枠組み=「キャリア教育」しか存在せず，**図1-3**の思考枠組みこそ就活と将来に活きてくることに気づかないまま大学生活をすごす人が多いので，「大学の勉強なんて，将来の仕事に大して役に立たないよ」などと言いながら，就活に突入してしまう。これは避けてほしい，と思うのです。

　いずれにせよ，いまみなさんは，**図1-2**の思考枠組み=「キャリア教育」を相対化し，客観的に捉えることで，キャリアデザイン学の入口に立ちました。

　それでは，キャリアデザイン学とは，どんな動作をする学問なのでしょうか。定義を述べましょう。これは筆者の定義です——**「キャリアデザイン学は，自己の本来的使命は何か，どんな社会で生きてゆきたいかを問い続ける学問である」**。つまり，キャリアデザイン学のやることは2つあります。

　1つには，自己の本来的な使命は何かを問い続けることです。

人間は，代わりがきかない，その人にしかできない何かをもって生まれてきます。その人にしかできない何かというのが，**本来的使命**です。ただしこれは，最初からわかっているとか，心理テストをすればわかるとか，誰かが教えてくれたりするものではありません。「自分はこれこれが有能で社会に役立っている，だからこれが自分の本来的使命だ」といったかたちでわかるものでもありません。そうではなく，生きること・行動することを続けるなかで，「ああ，私の本来的使命はこれだったのだ」と事後的に気づくようなものなのです（ということは，いまわのきわに気づくこともあるでしょう）。[2]

キャリアデザイン学がやることの2つめは，どんな社会で生きてゆきたいかを問い続けることです。みなさんは小中高と，「将来どんな生活をしたい？ どんな仕事をしたい？」とさんざん訊かれてきたことでしょう。そのとき，どんなふうに考えたかを思い出してみてください。「まだわかんない」という返事を含めて，自分の願望や好み，得意・不得意を真っ先に思い浮かべる，そんな思考方法だったと思います。

これは，人間の生理・心情として当然のことと思います。ただし社会では，いろいろな願望や好み，得意・不得意をもった人びと（見知らぬ人もたくさんいます）と折り合っていく必要がありま

2 カトリックのシスターで，ノートルダム清心女子大学の学長・理事長を務められた渡辺和子さんは，いみじくも「使命とは，『命を使う』と書きます」と述べました。私たちは生きている以上，日々，命を使っていますね。つまり使命とは，必ずしも，命がけの大仕事とは限らず，日々の経験を味わって生きること・行動する（＝命を使う）ことをとおして，事後的に気づくであろうものです。問題は，日々の経験を味わって生きること・行動することが難しい社会になっていることなのです。この問題は，第 *6* 章を中心に分析していきます。

す。では，どうすればそんな社会を創れるのでしょう。その大前提としては，**そもそもどんな社会で生きてゆきたいか**を考えていく必要があります。つまり，キャリアをデザインするというのは，一人ひとりの生き方のみならず，自分たちが生きてゆく社会のあり方をもデザインすることなのです。

キャリアデザイン学の学際性
　：哲学を出自とする問いを現代的に追究しよう

　自分の本来的使命は何か，どんな社会で生きてゆきたいかを問い続ける。これは何も，キャリアデザイン学の専売特許ではありません。古代のはるか彼方から，哲学が問い続けてきたことです。最も有名な哲学者のひとりカントによれば，哲学の領域は次の4つの問いに整理されます（『論理学』）。「私は何を知りうるか」「私は何をなすべきか」「私は何を望むことが許されるか」「人間とは何か」。

　みなさん，これらの問いにどう答えますか。「なんだか小難しくて，すぐには答えられない。だって，時代とか社会によって答えは変わるものでしょ」。そうですよね。たとえば，1つめの問いだけをみても，カントが生きていた18世紀には，テレビも電話も人工衛星もスマホもSNSもなかったことを思い浮かべると，この社会でいま「私は何を知りうるか」と問われても，簡単には答えられないことが容易にわかります。

　科学技術だけではなく，人間の社会は，法律や政治，経済や教育などの制度・仕組みが，歴史を通じて徐々に，あるときは急速に，高度になり複雑になり高速になってきました。高度化・複雑化・高速化する社会についてくわしく調べようとするなら，学問にも分業が必要です。単純化をおそれずにいえば，さまざまな学問の始まりは哲学だったわけですが，そこからどんどん専門に分

かれていく動きが生じました。

　近代に入って最初に生まれた学問は何であったかというと、それは経済学です。なぜなら産業革命によって、経済の制度・仕組みがそれこそ「革命的に」変わったからです。「なんだか、いままでとは全然違う社会になっちゃったぞ。どこがどのように、変わったんだろう？　どうすれば、安定した商工業や金融の仕組みをつくって、混乱や不安の少ない社会にできるだろう？」——このような、人びとの生活・生存（＝life）という視点に発したシリアスな問いを、くわしく解き明かそうとしたのが近代経済学だったのです。

　私たちが生きる現代は、社会の高度化・複雑化・高速化をふまえて、学問の細分化・専門化が徹底した時代です。細分化・専門化のメリットは、テーマを絞って深く掘り下げられることですが、反対にデメリットとして、自分の得意分野のなかに閉じこもって考えてしまう「タコツボ化」があります。みなさんは、研究者にならないかもしれませんが、「専門をしっかり学べ／専門性をもて」と言われているでしょう。それは大切なことです。けれども、テーマを絞って深く掘り下げる学びが、あなたの本来的使命、そして「こんな社会で生きてゆきたい」という社会のデザインと、どう関わっているのでしょう。ここをしっかり考え続ける必要があります。そうしないと、タコツボに嵌まったまま、視野の狭い「専門バカ」になってしまいます。

　つまりキャリアデザイン学は、専門分化した諸学問を前提としながらも、「自己の本来的使命は何か」「どんな社会で生きてゆきたいか」という、哲学を出自とする問いによって総合的にアプローチしていく学問です。したがって、キャリアデザイン学は単体で存在するのではなく、諸学問との緊密な関連のなかで学際的に存在します。たとえていえば、キャリアデザイン学にとって諸学

第1章 「キャリア教育」とどう付き合うか？

> **サプリメント・コラム①：「セクシー」な本は自腹を切って買う――何度も書き込みバイブル化**
>
> 「セ，セ，セ，セクシーな本って，なんスか？」――そういう本を思い浮かべて，ニヤニヤしないでくださいね（笑）。ここでいう「セクシー」とは，エキサイティングで興味深い，内容的にグッとくる，という意味です。イチロー選手がシアトル・マリナーズ時代に「内野安打はセクシーだ」と言ったときの使い方と，基本的に同じです。
>
> エキサイティングで興味深い，内容的にグッとくる本というのは，なぜそうなのか。それは，そのときそのときの，あなたの必要性，関心の方向性，レベルにちょうど良いからであり，したがって精神の糧になっているからです。
>
> だからセクシーな本は，良いテンポで読めます。良いテンポというのは，一気に，という場合もあれば，難しいところは飛ばしながらだけど流れは途切れないで読み終えた，という場合もあります。
>
> またセクシーな本は，しばらく忘れていても，あるときまたすごく読み返したくなる本でもあります。「ああ，そうそう，この前もここが大事だと思ったんだよ」とか「あれ，こんな大切なことが書いてあったのに以前は気づかなかった，でも，いまならわかる！」とか，とにかくいろいろな発見があるのです。
>
> 良いテンポで読め，何度も読み返したくなる本。借りたり立ち読みしたりで，そんなセクシーな本に出会ったら，自腹を切って買いましょう（インターネットの古書店サイトなら，より安く入手できます）。図書館で借りた本では，線を引いたりコメントを書いたりできません。本のコピーだとコンパクトさに欠け，使い勝手が悪いです。自分の本に存分に書き込みをして，自分だけの「バイブル」を作りましょう。それは，世界にたった1冊，あなたの頼れる「外付けハードディスク」，知恵と知識の宝庫であり，成長の記録です。

問は頼もしき友なのです。

ある意味みんなが素人の社会：キャリアデザイン学が必要だ！

みなさんは大学に入って，「法律の勉強をする。将来は，司法書士か行政書士を考えている」とか「コンピューター・サイエン

スを専攻するけど、就職でどうするかは、まだ全然わからない」「いろいろ学べる学部に入ったので、何が専門なのかまだよくわからない」などさまざまで、専門的に学んでいる（学ぶ予定である）ことと、将来との結びつけ方は人それぞれだと思います。

　しかし、全員に共通することがあります。それは、現代社会は、誰でも、限られた得意分野にはくわしいけれども、それ以外のことについては素人同然といってもいい、そんな人びとが集まってつくっている社会であり、誰もがそこで生きてゆくということです。

　どんなに頭のいい人でも、すべてのことにくわしくはなれません。ということは、自分はくわしく知らないけれども、自分にとって必要なことや大切なことに関して、くわしく知っている誰か、すなわち他者を信頼せざるをえません。見方を変えると、他者もあなたのことを、同じように信頼しなくてはならない。つまり、お互いがお互いに責任を負うことになります。しかもそのお互いは、知らない人のほうが圧倒的に多いでしょう。

　こういう社会では、自分のよく知らないことはほかの人にお任せ、丸投げ、無関心になりがちです。そうした社会は狭くて脆いものです。そうならず、社会的紐帯（つながり）を強くするためには、共通のものをもつ必要があります。それは何かといえば、キャリアデザイン学の問い、つまり「自己の本来的使命は何か」「どんな社会で生きてゆきたいか」という、哲学が議論してきた問いだと、筆者は考えます。

　いま、社会的紐帯を強くするには、共通のものをもつ必要があると述べました。こういうと、みなさんは、共通の意見が必要なのだと思うでしょう。しかし、意見の一致は必ずしも必要ではありません。この点は、日本社会の同調圧力の強さに鑑みて、強調しておきたいと思います。意見が分かれてもいいのです。異見が

出ればいいのです。**社会は，さまざまな事情・立場・価値観の人間で構成されているのですから，誰しもが異見を自由に述べ，それが真剣に受け止められ考慮されてこそ，より良いアイデアが生まれます。**したがって肝心なのは，共通の問いをもつことであり，それによって緩(ゆる)やかにつながることなのです。

　このように考えてくると，最近ある種の人びとの口から発せられる，人文・社会科学系の学問・学部よりも，理系の学問・学部を発展させることが社会の繁栄につながる，という意見には大きな疑問符がつくでしょう。誰もが異見を自由に述べ，また，他者のそれを真剣に受け止め考慮する感性と知性を磨くのが，次章第3節でも出てくる，人文科学・社会科学だからです。

　以上で第1章を終わります。ここまで行なってきたのは，みなさんが受けてきた「キャリア教育」を，文部科学省の政策と学校の先生の状況・事情から説明することによって，相対化・客観視したうえで，「キャリアデザイン学する」ことの出発点に立ってもらうことでした。

　「自己の本来的使命は何か」「どんな社会で生きてゆきたいか」。これらの問いを深めていくことは，成熟していくことに他なりません。しかし……みなさんのなかには，どこか成熟を回避しようとする気持ちが潜んでいませんか？　第2章ではこの点について，「エントリーシートがうまく書けない，なんだか子どもっぽい文章のような気がする……」といった，よくある悩み・不安から考えていきましょう。

●対話的練習問題①

Ⅰ 「グローバルな人間」になる方法？

　キャリア教育に関する政府の文書を読むと，グローバル社会に適応して生きていくためにも，キャリア教育は重要である，といった趣旨のことが述べられています。こうした政府の見解を，自らの教育実践に反映させる高校の先生もいらっしゃるようです。

　今年，大学1年生になったBさんが，グループ学習のとき，次のように述べました。

　「最近よく，『グローバル化』という言葉を聞くようになった。高校の先生も，『グローバルな人間になりなさい，そのために勉強しなさい』とよくおっしゃっていた。でも先生方は，その具体的な方法は示してくれなかったので，残念に思う」

問い：もしあなたがBさんと同じグループにいたら，Bさんに対して何と述べますか。

Ⅱ あなたの本来的使命

　現時点で，あなたの本来的使命は何だと思いますか。また，どんな社会で生きていきたいと思いますか。さらに，これらの問いに対する現時点での考えは，あなたが学ぶつもりでいる（学んでいる）専門分野と，どのようにつながっていますか。

第2章　そのエントリーシート，中学生の作文⁉

○けれどもそれを直せない

■扉クイズ②

　心理学専攻のC子さんは就職活動中です。配食業のグローカル・フーズ社に対するエントリーシート（志望理由書）を書き上げて，これから提出しようとしています。希望は営業職です。C子さんのエントリーシートは，どれくらい書けていると思いますか？

A．よく書けている　　B．まあまあ書けている
C．普通である　　　　D．イマイチである
E．ダメダメである

グローカル・フーズ社／エントリーシート

◆次の３点について，600字で書いてください。（1）弊社を志望する理由，（2）もしあなたが入社したら，弊社において，どんな能力によってどんな貢献ができると思うか，（3）そうした能力をどうやって身につけてきたか。

C子さんの書いたこと（593字）

　私が貴社を志望するのは，貴社の理念に書いてあるように，貴社が「食」をとおして社会に貢献しているからです。近年，食育が叫ばれており，栄養バランスのとれた食事をすることはますます重要になっています。貴社のホームページでそれを読んで，私はとても共感しました。また，入社２年目までは，年の近い先輩を指導員につけて育成していると書いてあり，丁寧に教えてもらえ成長できることにも魅力を感じました。

　もし，私が入社させていただいたならば，持ち前の傾聴力を発揮して，お客様のニーズをつかみ，新しい配食先を開拓したいと思います。私は友達からよく「C子ちゃんは話を聴くのがうまいね」とか「C子ちゃんに話すと楽になる」などと言われます。いまでも続けているダンスサークルは，一つ上の学年は，気の強い先輩が多いです。それで，私の学年との関係がうまくいかなかったのですが，同学年だけでなく先輩からも相談を持ちかけられ，よく話を聴いていました。また，私はファミリーレストランでアルバイトをしていますが，いまの店長は人使いがかなり荒いです。そのため，バイト仲間の不満が絶えず，いつも愚痴の聞き役にまわっています。

　私は，サークルとアルバイトで，人の話を聴く力をつけたと思います。営業は，お客様のニーズに合ったものを提供することが仕事ですが，それには，こちらからどんどん喋るのではなくて，お客様のお話を聞くことが肝心だと思います。

1 どこが大学生らしい文章になっていないのか

本章の目的と構成

みなさんは，C子さんのエントリーシートに，5段階評価で何を付けましたか。ちなみに筆者は「E．ダメダメである」。「これじゃあ，中学生の作文レベルだよ？」と，思わず言いたくなる内容・表現力です。

本章ではまず，C子さんが書いたエントリーシートは，どこがダメダメなのか，つまり，大学生らしい文章レベルに達していないのは具体的にどこなのかを指摘します（第1節）。次に，なぜ中学生のレベルにとどまってしまうのか，その理由は成熟を回避してきた生活にあることを説明します（第2節）。そして最後に，対策を述べます。いきなり就活対策してもムダであり，その前に「マジで」人文・社会科学を勉強しよう，と助言します（第3節）。

つまり本章は，エントリーシートの執筆という，みなさんの大多数にとって大変重要な問題を切り口にして，**成熟することについて考えていく**ことを目的とします。

ダメダメな箇所

C子さんが書いたエントリーシートでダメダメなところは，5点あります。

第1に，企業のホームページという，基本的に「キレイな」ことしか書かれないところの文章を鵜呑みにしたうえに，それを当の企業に宛てた文章にそのまま用いています。「でも，きちんと栄養のバランスのとれた食事をすることって大事なんだし，それ

を大切にして社会に貢献していることって，良いことなんだから，良いことをしていると思います，って書くのがどうしていけないの？」とC子さんは疑問をもつでしょう。

　なぜダメなのか。それは，相手の主張をコピーし繰り返しているだけ，つまり，**自分の視点や意見がまったく欠けている**からであり，相手の「キレイな」主張にツッコミを入れていないからです。ここでいうツッコミというのは，お笑いのそれと同じようなものです。相手の主張にボケ（論点）を探して，議論を発展させる。**いいツッコミは，相手の核心をつく**ものです。けれども，C子さんの文章にはそれがありません。

　C子さんは，「私は貴社のホームページを読んでいます」と「アピって」いるつもりかもしれません。「貴社の理念に私は賛成している，私は貴社が気に入っている，ということが伝われば，自分も気に入ってもらえる」と思っているのでしょう。しかし，それは違います。グローカル・フーズ社の採用担当者は，「この学生は，わが社の文章を丸写ししている。何にも考えていないなあ。ビジネスは，公式サイトに書いてあるような奇麗事ばかりじゃないってこと，わかっているのかなあ。いずれにしても，配食業者について何にも調べていないことだけは確かだ。表面だけを見て作文しているだけだ」と考えるでしょう。

　自分の視点や意見を，鋭いツッコミも入れながら書くには，配食業者は現在，どのような経営課題を抱えているかを調べ，「……ということは，こういうことでコストが嵩（かさ）んでいるじゃないかなあ？」といったように，仮説を考え出したりすることです。もしかすると，そのツッコミはズレていたり間違っていたりするかもしれません。でも，それは問題ではないのです。**情報収集をして自分なりに分析をし，それを文章に表す力量があるかどうか**が，見られているからです。

ダメなところの第2は，**成長していくことを，人から教わることだと思っている**ことです。「丁寧に教えてもらえ成長できることにも魅力を感じました」という箇所にそれが現れています。ここには，自ら能動的に学んでいく姿勢が見られません。「でも，成長したいって意欲を表明しているのだから，能動的だと受け取ってもらえるんじゃないの？」と疑問をもつ人がいるかもしれません。しかし，それは違います。ここから読み取れるのは，「何をしたらいいか教えてくれたら一生懸命やります」という受動的なニュアンスでしかありません。

　ダメなところの第3は，**紋切型の単語やフレーズが満載**だということです。「共感しました」「魅力を感じました」「お客様のニーズをつかむ」……読んでいる方は飽き飽きします。紋切型の単語やフレーズは，読み手の感性と思考を刺激しないからです。文章の読み手は，書き手の新鮮な感性や鋭い考察によって，動かされます。紋切型の単語やフレーズには，それが含まれていません。

　哲学者のサルトルが「方法の問題」という論考で指摘しているように，紋切型の表現を使ってばかりの人間は，「真実らしさのことなど少しも気にかけない」のです。「事実の具体性は…（そうした人間の）…興味をひかない」のです（邦訳 p. 416）。私たちが刻一刻と生きているその生がもつ豊かさを，味わえていない。紋切型を多用したC子さんは，まさしくこれに当てはまるでしょう。とりあえず，それを使っておけば無難に事が過ぎる（スルーできる）ような表現を安易に活用している。その結果，もしかしたら，C子さんがもっているかもしれない新鮮な感性や鋭い考察を，ダメにしてしまっているかもしれません。

　第4にダメなのは，「傾聴」とはいったい何をすることなのか，**それを明確に示すエピソードを挙げられてない**ことによって，「傾聴」に関する浅薄な理解を露呈してしまっているということ

です。C子さんの文章には，自分はいつも人の話を聴いている，ということしか描写されていません。しかし「傾聴」とは，そんなことではありません。それは，話の脈絡が混乱したり，感情が高ぶったり，実は言い出せずにいることが見え隠れしたり……といった様子の相手が，安心して話す状況をつくり，自分の感情や考え方を自分で整理するよう，いざなうことです。つまり，話し相手に＜自分自身への傾聴＞（六塚 2014, p.110）をもたらすことなのです。

　厳しい字数制限のなかでも，こんなことを描写する，ちょっとした具体的なエピソードがあればいいのに，「傾聴」についての理解が浅いままでいるC子さんには，それが書けません。心理学を専攻しているのなら，もっと勉強してほしいものです。

　しかもC子さんは，サークルの先輩やバイト仲間がほめてくれることだけを，「傾聴」が得意なことの根拠にしています。これでは書き手の精神年齢が幼いことを印象づけてしまいます。たしかに，他者の指摘は自己の客観的評価になりえますが，もし書くのなら，どのへんを指して聴くのが上手いと言ってくれているのか，なぜ・どんなふうに楽になると言ってくれているのか，具体的に書くべきです。そうしないと，読み手には伝わりません。

　第5に，わずか600字という限られた字数のなかで，第3段落は第2段落の無駄な繰り返しとなっており，本来もっと書くべきことを書くスペースがなくなっています。本来は，配食業者がおそらく直面しているであろう経営課題を生き生きと描写したり，「傾聴」に長けていることを示唆する具体的なエピソードを書いたりするべきです。

2 なぜ中学生の作文レベルにとどまってしまうのか

大人として向き合えていない

 以上5点、C子さんのエントリーシートが中学生の作文レベルでしかない理由を述べました。それではなぜ、そんなレベルにとどまってしまっているのでしょうか。「そりゃあ、業界分析とか企業分析とかやっていないからだよ。それをやらないで、志望理由や自分の活かせる長所について、ちゃんと書けるわけがない」。ええ、そのとおりです。あなたはC子さんに、「業界分析と企業分析をやってから書きなよ」とアドバイスするでしょう。しかし、おそらくC子さんは、業界分析・企業分析によってくわしい情報をたくさん得たとしても、大学生らしいエントリーシートは書けないと思います。なぜなら、エントリーシートを読む採用担当者という大人に対して、**大人として向き合うことができていない**からです。

 大人であるとはどういうことか。それだけで何冊もの本になってしまう大きなテーマですので、本書での議論に合わせて指摘を2つに絞ります。ここでいう「大人である」とは、第1に、**好き嫌いの感情を中心にしない人間関係がもてること**。第2に、**理不尽で汚く、何が正しいか結論の出ない人間社会のなかにあっても、そこから逃げずに状況を引き受けていくこと**。C子さんは、これら2つの、大人であることの条件を充たしていません。そのことは、エントリーシートの書きぶりからうかがえます。

やたら「共感しました」と答えてはいけない

「共感しました」「魅力を感じました」という表現に注目してください。これらの表現は，C子さんの感情を表明しています。「私はあなたのことが好きです」「私はあなたの考え方・やり方を好ましく思います」という感情表明です。では，なぜこうした感情を表明するのでしょうか。それは，お返しに自分のことも好いてほしい，好ましく思ってほしいと思っているからです。

私たちは経験から，自分が好ましく思っている相手は，自分のこともそう思ってくれることが多いことを知っています。また逆に，あんまり好きになれないなと思う相手は，たとえそうした態度を隠している（つもりだ）としても，なぜか（というか案の定）その感情は伝わって，自分のことを好ましく思ってくれてないことが多いです。

しかしだからといって，自分のことを好いてほしいなら相手を好くことだ，それを行動で示すことだということしか考えずに行動するのは，大人ではありません。大人と大人の関係は，好き嫌いを中心とした感情の次元以外が，より大きく広がるものであり，そこでどうふるまえるかが大切です。エントリーシートもその1つなのです。エントリーシートで問われているのは，C子さんの場合なら，配食業者の具体的事実を，自分がそこで働くことに引きつけて，生き生きと捉えられているか，という点です。

けれども，好き嫌いを中心とした感情の次元でもっぱら物事を捉えていると，「どういうふうに書いたら，自分は好かれるかな」ということばかり（無意識のうちに）気にして書くので，「私はあなたの考え方・やり方を好ましく思います」という感情表明に終始してしまいます。食を通じた社会貢献に「共感しました」とか，メンター制度に「魅力を感じました」といったように，小学生の

「ママ，だぁ～い好き！」的表現になってしまうのです。

　それにしても，学生のみなさんは，リアクション・ペーパーやレポートにやたらと「共感しました」と書いてきます。「今日の授業では，『人間の原動力は競争心だけではない。もっぱら競争心を刺激する社会の規範や制度は問題である』という説明に共感しました！」とか。筆者には違和感があります（はっきり言って，少し気持ち悪い……笑）。なぜなら，「共感する」は，「魅力的だと感じる」と同様に，相手と一体化したいという願望を含んだ言葉であり，そういう願望を抱くとき，知性の次元において物事を考え判断していく動作は，どこか放棄されがちだからです。「いやいや，『共感』しなくていいから，ほんとうに『理解』したことが伝わる知的な文章を書いてくれない？」と思います。

　みなさんは，「傾聴には共感が大事だ」という主張を，過剰に受容しているのでしょう。相手と一体化したつもりでいることは，意見や価値観の相違がないということなので，安心なのだと思います。「異見を言ったら，この人が気を悪くするかもしれない」「違う見方を表明したら，この人に嫌われるかもしれない」，そんな心配をしなくて済むからです。結局のところ，「自分は好かれているか」ということばかりを気にしている，つまり，人間関係を取り結ぶときに，もっぱら好き嫌いを中心とした感情の次元にとどまっているのです。

　C子さんは，こうした自分の傾向や性質を客観視しない限り，どんなに業界分析・企業分析を行なっても，大学生らしいエントリーシートは書けないでしょう。知性の次元における人間関係も大切だということに気がついていないからです。

"Feel Good"でいたい：「キレイ」な話に安住する

　大人であることの第2の条件として，理不尽で汚く，何が正し

いか結論が出ない人間社会のなかにあっても、そこから逃げずに状況を引き受けていくこと、を挙げました。私たち人間は、それぞれの事情・立場・価値観に基づいて、自分は正しい、これが最善の対応なんだ、と思いながら行動していますが、それは間違っていると非難されることがたくさんあります。また、社会には、理不尽で汚いことがいっぱいあります。経済・経営・労働関係のニュースにちょっとでも接すれば、そのことはわかります。不正な会計処理、不誠実な商売、いわゆる「ブラック企業」「追い出し部屋」「パワハラ・セクハラ・マタハラ」……。

「自分がエントリーシートを出す企業も、内定もらって行くことになる会社でも、きっとこういうことがあるんだろうなあ」。ええ、そのとおりです。完全なる「ホワイト企業」など、この世に存在しません。大半は「グレー企業」なのです。こうした不安・疑問・認識を大切にもち続けてほしいと思います。もちろん、自分が働くことになるかもしれない組織に、ネガティブな要素があちこちに転がっているであろうと予想するのは、気持ちの良いことではありません。

しかし、だからといって、相手を美化し、自分をそこに一体化させることによって"Feel Good（何となくイイ気分）"でいようとするのは、成熟した姿勢であるとはいえません。人間社会は汚いのであって、不誠実な商売やパワハラに直面したら、善悪の判断を下して行動しなければならないのです。けれども、就活をしている大学生のみなさんを見ていると、業界分析・企業分析のさい、「キレイな」情報や文言に吸い寄せられて"Feel Good"になっている人が少なくないのです。ネガティブな情報や文言に接すると、なんだか自分が汚れるような気がするからではないでしょうか。

第*1*章の終わり（p.25）で言及した人文・社会科学系の学問——文学や歴史学、政治学や社会学などなど——は、人間社会の

面白さやすごさと同時に、その理不尽さや汚さ、さまざまな事情・立場・価値観が渦巻くなかでの人間の苦悩について解き明かす学問です。したがって、それらを学ぶということは、何らかのかたち・程度で自分も汚れること、自分の汚さにも目を向けることに他なりません。「社会のこととか、難しいこと、考えたりするの、嫌い」という学生にときおり出会いますが、彼らは考えること以上に、自分を含めた人間社会の汚さにふれるのが嫌いなのだと思います。

　勉強嫌いな学生でなくても、こうした傾向があるようです。「私は今まで自分の『こうなったらいい』という願望を述べてばかりの『きれいごとレポート』を提出していた。本当に物事を考えて、その問題に向き合っているならば、自分の意見のなかにはネガティブなものが出てくるはずである」。これは、ある勉強熱心な学生の自己省察です。現実の理不尽さや汚さを分析せずに、理想論だけ書いているところから、"Feel Good"が忍び込んでいることに気づかされます。

　"Feel Good"でいたいというのは、自分が行動するさいに、善悪や真偽よりも快・不快を優先するということです。自分は汚れたくないのです。「ピュア」でいたいのです。けれども大人は、相手が嫌がるであろう質問をしたり、相手が怒るであろう真実を開示し相手に伝えなければならないことが、しばしば生じます。しかも、自分が正しいと思ってそうしても、やりとりのなかで、相手の言い分の理解が深まり、自分の狭量さや汚さが見えてきて恥ずかしくなったり……。「こんなこと、なくて済むならいいのに」と思うのですが、けれども、大人はそうして生きていかざるをえないのです。

　にもかかわらず、「そんなことを経験するのは嫌だなあ」と思っていると、「キレイな」情報や文言ばかりに吸い寄せられる自

分に気づかないままです。こうした**自分の傾向や性質を客観視しないかぎり**，どんなに業界分析・企業分析を行なっても，大学生らしいエントリーシートは書けないでしょう。

　なお念のためにいえば，筆者は，企業の汚い側面についても指摘したエントリーシートを書きなさい，といっているのではまったくありません。というか反対に，そういうことは書くべきではないのです。ここで述べたいのは，エントリーシートを書くにあたって，業界分析・企業分析をするさいに，「キレイな」情報や文言ばかりを追って"Feel Good"になるのではなくて，「この会社に入ったら，きっとこれこれの嫌なことも起こるだろうな，そのときは逃げずにいよう（こうして自分を守ろう）」といった考えを，頭の片隅でよいから置いておいてください，ということです。

3 就活対策してもムダ
●「マジで」人文・社会科学を勉強しよう

人文・社会科学を学ぶ：汚れに対する耐性をつける

　ここまで，大学生らしいエントリーシートを書くには，就活対策より先に，大人になること（成熟すること）が必要である，ということを論じてきました。大人になることなくしては，いくら就活対策をしてもムダです。大人になることの条件はいくつもありますが，本章では，2つに絞って指摘しました。繰り返せば，第1に，**好き嫌いの感情を中心にしない人間関係を取り結ぶこと**。第2に，**理不尽で汚く，何が正しいのか結論の出ない人間社会のなかにあっても，そこから逃げずに状況を引き受けていくこと**。

　では，どうしたらそんな大人になれるんだろう。こんな疑問が

浮かんで当然です。それに答えましょう，近道や王道はありません。「よし，明日から大人として行動するぞ！」と決意したからといって，なれませんよね。ここで筆者にいえるのは，「マジで」人文・社会科学を勉強しよう，ということです。

　なぜかというと，前節でも述べたように，人文・社会科学の学問は，社会の汚さや理不尽さや人間の苦悩（同時に，その面白さやすごさ）について解き明かす学問であるため，そこにどっぷり心身を潰け込むことによって，**汚れに対する耐性をつけながら，感性と知性とを鍛えていくことができる**からです。

　こうして脳ミソを鍛えるのは，知識を増やして物知りになるためではまったくありません。知識の増強が大切なのは，**知識が物事を分析していくための道具となる**からです。知識とは言葉（数式なども含みます）です。言葉があるからこそ，私たちは，物事を読み解いていくことができます。

　人文・社会科学の学問は，人間や社会についてのボキャブラリーが豊富です。人文・社会科学が，さまざまな角度から，多様な言い回しを用いて描写したり説明したりしているのは，まさしく，私たちが普段接している人間，そのなかで生を営んでいる社会のことです。したがって，「マジで」人文・社会科学を勉強することによって，自分をとりまく人間関係や自分が生きる社会について，より明晰に捉えるボキャブラリーを獲得することができます。

　たとえば，こんな場面。

　「『意識高い系』のDくんと，やりがいや生きがいについて話していると，刺激は受けるけど，なんか嫌な気分になるんだよね。Dくんが感じているやりがいや生きがいって，なんか鼻につくんだけど，なんでなんだろう？」

　こんなふうにモヤモヤしてスッキリしないときに，本のなかで「生きがい感には，自尊心の昂揚からくる思いあがりもしのびや

すいのであった」(神谷 1966/2004, p. 47) という文章に出会ったら，それが心に沁み込んで，「ああそうか，自分が感じていたことって，そういうことだ！」と，心がすっきり晴れわたる気がします。そう感じられるのは，本を書いた神谷美恵子さん自身が苦しみながら考え出した，紋切型ではない表現だからなのです。

こうなると，Dくんの「自尊心の昂揚からくる思いあがり」については，それはそれとして淡々と受け止めつつ，彼からの刺激を，より良く享受することができます。神谷さんの先の文章は，「人間は誰だって，こういうふうになりやすいよね」という慈愛のこころを私たちにもたせてくれるので，Dくんというちょっと嫌なヤツへの耐性ができるのです。

人文・社会科学のボキャブラリー：自己を物語るためのストック

自分をとりまく人間関係や自分が生きる社会についての，形になりそうでならない自分の考えや感情を，ピタリと表してくれる表現に出会う快感を味わい続けていると，人から借りた言葉ではなくて，自分なりの表現によって，それを語ってみたくなるものです。それをどういう言葉で表し，どういう順番で組み立てるとうまくいくのか。これはクリエイティブな営みなので，しんどいですが楽しいものです。人文・社会科学の学びとは，みなさんがこのような創造性を発揮することなのです。

創造的な営みといっても，最初は先達の真似からです。ご存じかと思いますが，「学ぶ」は「まねぶ＝まねる」からきています。だから，みなさんより先行する作品や研究書を読み込んで，そのボキャブラリーを蓄積していくのです。言葉を覚えることは，言葉に対する感性を磨き，物事の考え方や捉え方を知ると同時に，論理的思考力を高めることでもあります。

前出の「自尊心の昂揚からくる思いあがり」を例にとってみま

しょう。ここには,「自尊心」「昂揚」「思いあがり」という3つの言葉があります。一つひとつの意味は,みなさん,知っているかもしれません。では,なぜ,自尊心が昂揚すると,思いあがりが生じる（ことがある）のでしょうか。そう問われると,すらすらと説明するのはちょっと／けっこう難しいとわかるでしょう。このように述べた神谷美恵子さんは,どのような心理メカニズムを想定しているのか。それを考えることでみなさんは,人間心理の複雑さを,ぐっと深めて捉えるセンスを磨けます。

　「最近の子どもは自尊感情（自尊心）が低い。国際比較で見ても,日本の子どもは大変低い。これはよくないことだ。高める教育をしよう」。そんなことが言われています。けれども,自尊感情の問題は,そんな表面的な薄っぺらいものではないことが,先の3つの言葉を関係づけて考えたみなさんにはもう,おわかりでしょう。

　このような一つひとつの積み重ねによって,自分をとりまく人間関係や自分が生きる社会がより深く理解され,それを語るための,自分なりの表現力がついていきます。そうなれば,就活のエントリーシートにしても,C子さんのような中学生の作文レベルを卒業できるのです。エントリーシートは,端的にいえば自分を売り込む文章ですが,その文章は,自分が社会をどう分析し,そうやって分析した社会と自分との関係をどう捉えているかを物語るものなのです。

　C子さんの文章は,それが大変甘い。というか,幼い。自分と他者（配食業者）との関係を,もっぱら好き嫌いを中心とした感情の次元で捉えているため,「共感しました」とか「魅力を感じました」といった,相手との一体感をアピールする表現を用いてしまいます。同じアピールにしても,もっとひねった個性的な表現ならまだしも,紋切型です。知性を感じさせるボキャブラリー

に乏しいのです。

　そうなってしまうのは，人文・社会科学の勉強不足が原因です。勉強とか学問とかいうと，小難しいことを暗記して，テストのときに吐き出すこと，あるいは，アクセサリーのように身につけて見せびらかすことのように思ってきたからではないでしょうか。しかし，決してそんなことではないのです。自分をとりまく人間関係や自分が生きる社会について，自分で表現を生み出して物語るために，私たちは人文・社会科学を学ぶのです。

　第 *1* 章で述べたように，キャリアデザイン学とは，自己の本来的使命とは何か，どんな社会で生きてゆきたいか，それを問い続けることです。この問いに自分なりの答えを出そうと思ったら，自分をとりまく人間関係や自分が生きる社会について，自分で表現を生み出して語るしかありません。それゆえ，これも第 *1* 章で指摘したように，キャリアデザイン学は単体で存在するのではなく，諸学問との緊密な関連のなかで学際的に存在するのです。

作文ダイキライ：道徳教育と混同した作文指導の弊害

　ではなぜ，中学生の作文のような文章を書いてしまうのでしょうか。その理由として，小学校以来の作文指導のあり方が，ひとつ大きいと思います。これについては，作家の清水義範さんが『作文ダイキライ』（学習研究社，2001 年）で，大変鋭く指摘しています。「よ～く観ているなあ」と思いますので，やや長めですが引用します。

　　……作文とは，大人に迎合してよい子ぶりっこをして，嘘の平和を装うことであると，子供はなんとなく感じている。そういう，偽善の作り文章が学校で書かされる作文なのだ。
　　そんなものを書かなきゃいけないとなれば，子供だろうがやっ

ぱりうんざりするのである。

　工場見学に行ったって、本当は子供はいろんなものを見、いろんなことを感じている。

　衛生に気をつけているとは言っても、服のよごれている人がいた。

　機械はすごかったが、それを操作している人がおたおたしていた。

　説明してくれたおじさんが、間抜け面だった。

　あんなにいっぱいおいしそうな食品を作っていて、ジュース1個くれただけなのはケチだ。

　会社の宣伝を聞かされにいったようなものだった。

　などと感じているのだが、それを作文に書くことはタブーなのである。子供は非常に強くそう感じている。

　作文の中では、小学生は工場に対して、すごいなあ、と思い、見事な設備にびっくりし、衛生管理のたしかさに感心し、これからは缶ジュースを飲んでも工場の人たちの苦労をしのぼうと思わなければならないのである。そういうふりをしないと、子供らしい可愛らしさがなくてにくたらしい、と大人が思うからだ。先生が、「働くことの大事さを感じ取れるようになりましょう」なんて書きそえて、その作文に×印をつけるからだ。(pp. 45-46)

　このような「指導」は、「全然作文の指導になっていなくて、道徳の教育である。子供に道徳を説くことも、もちろん重要な教育であるが、それは別の機会を捉えてやるべきであり、絶対に作文指導の時にやってはいけないのだ」(p. 63)。道徳教育とは違って、「作文を書くその目的は、文章によって人に情報を伝達する能力をみがくことである。自分が体験した出来事や、その時の感動なんてものを的確に読み手に伝えることこそ、作文でやろうとしていること」なのだから、「お母さんにムカつく、という作文

に対して言うことは，お母さんに従いましょう，ではなくて，お母さんへのムカツキがあまり伝わってこないから，どこがなぜムカつくのかをもっとくわしく書きましょう，でなければいけないのだ」(p.64)。

　「そういえば，僕の小学校の先生もこんなふうだった」「私も，ここに書いてあるようなことを感じていたと思う」。みなさんのなかには，こんな感想をもった人も少なくないのではないでしょうか。あるいはまた，書きたいことを書けばいいよ，と言うだけで，書き方指導をしてくれた憶えが全然ないとか，誤字脱字をやたら直されただけだった，とか。
　しかしまあ，そうなのです。道徳教育と混同した作文指導が蔓延しているため，大多数の小学生は作文を，「大人が安心しそうな麗しい嘘」(p.64)を，「先生に読まれるために書いているもの」(p.241)であると勘違いしてしまう。その結果，作文とは「架空の万人に向けて書く」という「気構え」をもって書く「公の発言」(p.241)に他ならないことに気づけないのだ，と清水義範さんは指摘します。つまり，児童・生徒たちは，「訓練された無能力」を身につけてしまっているのです。「こんなふうにキレイなことを書いておけばいいんでしょ」と「紋切型」の表現にきっちりしたがう無能力が，養われてしまっています。
　「架空の万人に向けて書く」という「気構え」をもって書く，「公の発言」としての作文のトレーニングが乏しいまま，中学・高校と進み，そして大学に入学してきた学生は多いと思います。自己の直接経験・間接経験とそれに基づく感性と思考という翼を，自由に広げて書いてみることの快感を知らないまま，大学に入ってきていると思うのです。だから，C子さんのエントリーシートも，「先生，私は将来，○○になりたいです」といったような，

好きな先生に宛てた小中学生の手紙のようになっています。

　けれどもエントリーシートは，あなたのことを（それゆえ社会とあなたの関係について）物語る文章を，あなたを知らない人間に向けて書くものです。したがってエントリーシートもまた，「架空の万人に向けて書く」という「気構え」をもって書く「公の発言」に他ならないのです。

ディテール（具体的事実）を重視せよ

　みなさんが人文・社会科学を学ぶのは，自分をとりまく人間関係や自分が生きる社会について，自分で表現を生み出して物語るためである，と述べました。その学びとは，ボキャブラリーを厚くすること，換言すれば，物事の感じ方や考え方を深める（感じ，考えるには言葉が要ります）と同時に，それを表現する力量を磨くことでした。具体的には，たくさん読んで，たくさん書く。これに尽きます。

　ですので，あとは実行あるのみなのですが，1つだけ留意点を述べておきます。それは，ディテール（具体的事実）を重視せよ，ということです。大学教員13年目の筆者が痛感するのは，学生のみなさんの多くが，なぜディテールが重要なのかという理由をわかっておらず，したがってディテール重視とはいったいどういう動作をすることなのかも理解していないということです。

　C子さんのエントリーシートに戻ってみましょう。筆者は，本来もっと書くべきこととは，配食業者がおそらく直面しているであろう経営課題の生き生きとした把握や，「傾聴」に長けていることを示唆する具体的エピソードである，と指摘しました（p.32）。つまりC子さんは，ディテールの重要性がわかっていません。もし筆者がエントリーシートを読む立場の人間であったら，C子さんの先輩やバイト仲間は，何を指して聴くのがうまいと言

> **サプリメント・コラム②：板書は手で写そう——撮って安心，アホのもと**
>
> 　最近，板書をスマホで撮る学生が，とみに増えました。「撮ったあと，見るの？」と訊くと，たいていは「試験前とか，『先週の授業で板書したことだけど』って授業で言われたときなんかに見直します」。「どうしてノートに取らないの？」「手が疲れるし，写すの間違ったら嫌だし，あとで見直すなら同じことですから」。
>
> 　いえいえ，同じでは全然ありません。ノートを取るというのは，写真を撮るように「写す」ことと同じではありません。文字や図表を書き／描きながら考えることなのです。書く／描くという動作は，思考をうんと刺激します。ですから，パシパシとスマホで撮る学生は，授業中に脳ミソを鍛えるチャンスを自ら放棄しています。「あとで見直す」というのは，「いまは思考停止します」とスイッチを切るようなものです。いつでも再生可能だと油断するので，集中する習慣もつきません。ここぞというチャンスを逃さない力がつかないのです。だから，予備校講師の林修さんが言って流行語にもなったとおり，「いつやるか？　いまでしょ！」（林 2014）の精神でノートを取りましょう。
>
> 　ただし，板書の代わりにパワーポイントを映写する授業では，ちょっと話は違います。パワーポイントの出力（配付資料）が配られている場合はいいですが，それもないまま，ポンポンポンと，たくさんの文章が書いてあるスライドを映していく先生の場合には，スマホで撮るのもアリだと思います。大事なところだけをノートすることすら難しいような場合は，自衛手段としてスマホを活用しましょう。
>
> 　私見では，板書やパワーポイントの内容は精選し，ほんのちょっとにすることが，授業者として行なうべきことだと思います。リアクション・ペーパーを読んでいると，ゆっくり考えながらノートを取れる授業は充実感がある，と述べる学生たちが少なくないのです。

ってくれているのか，なぜ・どんなふうに楽になると言ってくれているのかという，その具体的事実こそ知りたい。

　ではなぜ，具体的事実を読みたいか。それは，**些細に思われる具体的事実の叙述にこそ，ググッとハートに迫るものが宿っているからです。それは普遍的なもの**です。「C子ちゃんは，私が話しているとき，『いつ，そう言われたの？』みたいな事実確認以外は基本的に喋らないで頷いているよね」「C子ちゃんは，オレ

が相談するとき、スマホをバッグにしまって、目を見て話を聞いてくれるよな」。こうしたくだりから読み手が引き出すのは、「C子という学生は傾聴の何たるかをわかっている」という結論です。つまり読み手は、「傾聴」の「け」の字もない具体的な叙述から、「傾聴」という抽象的な概念で表される普遍的なものを引き出します。

こういう動作を「行間を読む」というのです。そこには、ディテールの快感があります。けれども、文学や小説やノンフィクション、あるいは人文・社会科学の書物を読んでいない人にはわかりません。だから、自分が書く側にまわっても、ディテールの快感を与える文章を書くという必要性も感じず、したがってその意欲もありません。

作文がダイキライになるような作文指導、つまり道徳教育と混同した作文指導の罪は重いと思います。清水義範さんの工場見学の作文に戻れば、「機械はすごかったが、それを操作している人がおたおたしていた」といったディテールを書くと、「先生が、『働くことの大事さを感じ取れるようになりましょう』なんて書きそえて、その作文に×印をつける」から「これからは缶ジュースを飲んでも工場の人たちの苦労を」思い出そうと思います、などという紋切型の表現によって、大人を安心させる文章しか書かなくなるのです。

筆者なら、「機械を操作している人は、どんなふうにおたおたしていましたか。どんな機械を操作していましたか。両方ともくわしく知りたいから、もっともっと書いてください」といったコメントを入れます。そうすれば、生徒はディテールを書くよう動機づけられ、「工場の様子がリアルに伝わってきて大変読みごたえがあったよ」などとほめられるなかで、ディテールの快感を覚えていくでしょう。こうした指導なくしては、「私なんかの経験

なんて，ディテールを語るに値しない」と思い込んでしまうでしょう。でもそれは違います。

　ただし間違えてはいけないのは，ただひたすら細かいことを羅列すればいいということではなくて，語るに値する（普遍的なものが宿りうる）ディテールを書くべきだということです。それには，語るに値するものかどうかを見抜ける感性と，それを表現する技術が要ります。ゆえにこれらの感性と技術とを磨くためのトレーニングが要ります。

　こうした感性と技術を，大学生をはじめとした若者たちが磨いていないことを，キャリアセンターや就労困難者支援NPOの相談員は痛感しています。「こんな転職ばかりの職歴では正社員で雇ってもらえませんよね」と呟く求職者には，どんな仕事をしてきたのかディテールを語ってもらう。「そのラーメン屋，2年で辞めたっていうけれど，そのあいだはバイトさんの雇用管理を任されていたんでしょ，それは指導力があるということだから，君の強みとしてアピールすればいいんだよ」。こんな会話をしながら，エントリーシートを作り上げていく。つまり相談員は，語るに値する普遍的なものを抽出しようと傾聴しています。これを，自力でできるようにすることが肝心です。

　ところで，これはもうほとんど死語になったように思いますが，「KY」つまり「空気読めない」のは，別にたいした問題ではありません。空気を読もうとするのは，「こういうときにはこういうふうにふるまっておくもんだ」という，紋切型表現の行動バージョンでしかないからです。それよりずっとずっと深刻な問題は，「GY」と「SY」，つまり「行間読めない」と「数字読めない」です。この第2章は，「GY」問題について，成熟と学問という切り口から考えてきたわけです。

　「SY」については，第*4*章でふれますので，さしあたりここで

は次のことだけ述べておきます。すなわち,社会科学には,数字によって人間や社会の現実を具体的に詳細に解き明かす手法があり,これもわかるとすごく快感だよ,ということです。

　以上で第*2*章を終わります。大学生らしい文章を書くには,大人になること(成熟すること)が必要であり,それには人文・社会科学の学問を「ガッツリ」学ぶことが肝心です。人文・社会科学は,何が正しいのか答えの出ない,社会の理不尽さや汚さや人間の苦悩(同時に,その面白さやすごさ)について解き明かす学問であるため,そこにどっぷり心身を漬け込むことによって,汚れに対する耐性をつけながら,感性と知性とを鍛えていけます。
　ただし,大人になるには,大学での学びに加えてもう1つ,家族との関係についても省察してみなければなりません。これについては次の第*3*章で考えていきましょう。

●対話的練習問題②

「ES 書いたんだけど，ちょっと見てくれる？」——どう助言する？

Ⅰ　わりと仲良しのDくんが，「エントリーシート書いたんだけど，ちょっと見てくれる？」とあなたに頼んできました。「ええっ？　なんでオレなの？　キャリアセンターの相談員さんに見てもらえばいいじゃん」。「いやあ，その前に少し直さないと，ちょっとヤバいかな，って思って」。まあ，Dとは志望業界もメーカーってことで一緒だし，勉強になるからいいか。そう思ってあなたは引き受けました。
問い：Dくんが書いた右のエントリーシートに，あなたならどうアドバイスしますか。

Ⅱ　大学入学後，あなたが書いたレポートを1つあるいは複数読み直し，そこで使っている紋切型の表現には，どんなものがあるか，最低3つ挙げて説明しなさい。また，いまならどういう言い回しを使うか，述べなさい。

グローカル・メディック社／エントリーシート

◆次の3点について，600字で書いてください。(1) 弊社を志望する理由，(2) もしあなたが入社したら，弊社において，どんな能力によってどんな貢献ができると思うか，(3) そうした能力をどうやって身につけてきたか。

Dくんの文章（593字）

　私が貴社を志望するのは，これからは高齢化社会であり，貴社が製造している介護用の食事・入浴・排せつ介助ロボットの需要が，ますます高まると考えたからです。少子化はこのまま変わらないと思うので，介護の仕事は人手不足のままです。なので貴社は社会貢献企業だと思います。

　貴社の従業員数は200人ほどですが，だからこそ，大企業とは違って，従業員一人一人の力が生かされているのだと，ホームページを拝見して感動しました。あと，社長のリーダーシップも素晴らしいから，業績が伸びているのだと思います。私は，大きなビジョンをもった人の下で，ほんもののビジネスを学んで成長したいです。

　貴社への入社をお認めいただいたとしたら，私は，最初は営業の仕事をして，そのうちにマーケティングを担当したいと思います。営業では，全国の福祉施設や病院を回って，介助ロボットのどこが使いにくいか，どんな機能があったらもっといいか，といったことを丁寧に聴き取り，それを技術部に伝えたいと思います。その経験を積んでから，マーケティングに行きたいです。

　私は大学4年間，体育会陸上ホッケー部に所属し，3年時に副将を務めました。なので体力には自信がありますし，また，個性の強い部員たちをまとめるのに苦労したので，人の話を聞くのは得意なほうだと思います。この力は，営業やマーケティングの仕事に不可欠だと思います。それでは，よろしくお願いします。

第3章　わが子を未熟にする大人
○親を突き放す優しさが要る

■扉クイズ③

　高校3年生の夏休みに戻ってみてください。大学のオープンキャンパスに足を運んだ人も，少なくなかったと思います。

　さてE子さんのお母さんは，大変教育熱心。高3の7月，「そろそろ志望校，決めないといけないかな」とE子さんが夕飯の席で呟いたところ，お母さんは翌々日，「E子，あなたの偏差値にあった大学のパンフレット，取り寄せたわよ。オープンキャンパスは，甲大学が8月2日，乙大学が8月24日と25日ですって。24日は予備校の模試だから，行くなら25日ね」。もう，バッチリです。

問い：もしあなたがE子さんだとすると，お母さんがしてくれたことをどう思いますか？　また，なぜそう思いますか？

A．助かる，嬉しい
B．そこまでしなくていいけれど，まあ構わない
C．やめてほしい

第3章　わが子を未熟にする大人

1　「段取りママ」

●愛という名の支配

本章の目的と構成

　筆者は，みなさんがどう回答したかその分布に，大変興味があります。もちろん大学や学年によって違いは出てくるでしょうが，A：B：C＝1：2：2くらいなのではないかと思います。Aと答えた人には，「ちょっと，それはまずいんじゃないかな。もっと大人にならなくっちゃ」，Bと答えた人には，「キミキミ，そんな物わかりよくてどーする！？」と筆者は言い，Cと答えた人には「じゃあ，E子さん（自分）のお母さんに何と言ってわかってもらう？」と訊くでしょう。

　本章では，大人になる（成熟する）には，親を突き放す優しさが要ること，でもそこに達するのは容易くはないので，そこで何を乗り越えていかなければならないのかを，掘り下げて考えます。具体的には，まず第1節で，子どものためになんでもかんでも先まわりして準備しまう「段取りママ」の問題について述べます。次に第2節では，濃淡はあれ「段取りママ」的な親のもとで育つと，親の弱いところ・汚いところを見たくない・許せないという，成熟回避にいきやすいということを説明します。最後に第3節では，親を突き放す優しさを，どのように出していけばよいのかについて，ヒントを述べます。

　なお，念のために書いておくと，本章では「E子さんのお母さん」といった表現を使っていますが，それは語りかけ口調のためであり，論文調なら「E子の母親」とするところです。また，みなさんは自分の親のことを他者（教師や会社の人など）に話す場合

は，「私の父／母は」と言いましょう。

「段取りママ」：わかっちゃいるけどやめられない

扉クイズ③で登場したE子さんのお母さんは，典型的な「段取りママ」だといえるでしょう。「段取りママ」というのは，学術的な用語ではありませんが，子どもの日常生活のことに加えて，進学や就職など将来に関して，早々と能率的に準備せずにはおれないタイプの親のことを，大変巧みに捉えた言葉だと思います。あなたの身の回りに「段取りママ」はいませんか？

扉クイズ③でBやCと答えた人は，E子さんのお母さんのような行動が良くない理由として，子どもの自主性が育たないことを挙げるでしょう。それは，たしかにそのとおりなのです。けれども，その前に考えてみるべきことは，母親がなぜ・どういうつもりで「段取りママ」をやってしまうのか，その理由です。理由がわかれば，それに対して自分がどうふるまえばよいのか，よりよく考えることができます。

子育ての季刊誌『おそい・はやい・ひくい・たかい』No. 86（ジャパンマシニスト社，2015）は，「成績・進路，生活習慣も？『段取りママ』は子育て上手！？」という特集を組んでいるので，これを材料に考えてみましょう。

　　中2の娘に手を焼いています。
　　仲のよいお友だちは，「塾のテストで偏差値をチェック。中堅の高校を狙っています」とか，「大学受験の勉強はしたくないから附属へ」とか，受験情報も頭に入って現実的に考えている様子。娘は，「塾へは行きたくない」といってもっぱら参考書で勉強。学校の成績はそこそこですが，なにしろ受験に対するモチベーションがいまひとつ。

第3章 わが子を未熟にする大人

　興味があるのはファンタジー小説とフィギュア。志望校の話が出てきているのに,「ウチは行ける高校にいくよ」と戦線離脱気味。ママ友からは,高校受験には,とくに娘のように背中を押さないとダメな子に塾は必要といわれます。
　たしかに,中学の面談はほんとに事務的で,「もう少し,やる気出せよ〜」なんて担任からも熱意が感じられず,娘にも変化無し。やっぱり塾だと思ってママ友に評判のコスパのよい人気の塾へ。でも！　なんと入塾は30人待ちでした。のんびりさんは娘ではなく自分だった……。

(pp. 48-49)

　E子さんのお母さんは,相談を寄せたこのお母さんの「ママ友」タイプでしょう。「受験情報も頭に入って」おり,「背中を押さないとダメな子」は「コスパのよい人気の塾」に行かせるべきだと「現実的に考えている」。こんなお母さん方に囲まれていたら,「私の子育て,これで大丈夫かしら？」とか「ウチの子の進路,間違わないかしら？」と不安になり,同調行動をとったとしても不思議ではないでしょう。そうなのです,「段取りママ」をやってしまうのには,ママ友からの影響（圧力？）があるのです。ママ友の情報や意見を参考にする程度ならばいいのですが,子育て不安の大きさから,同調行動をとってしまう。自分の子どもより,ママ友のほうを見てしまっています。
　塾選び程度に終わるならまだしも,弁当作りにも影響が及んでいます。高校生の娘の弁当を作っているあるお母さんは,「ある日娘に言われました。『お弁当が茶色くて悲しい』と。幼稚園児じゃあるまいし……と思いましたが,お友だちの弁当を写メで送られてびっくり。ママたちはいろいろな機材も導入して,レシピ本に出てくるような華やかな弁当。キャラ弁まである」（前掲書,

2015，pp. 74-75）。

　「幼稚園児じゃあるまいし」という思いに続けて，「ウチはウチ。ヨソはヨソ。母さんだって忙しいんだから，弁当が茶色かろうが黒かろうが文句言わないの」と娘に言うのが筋だと思うのですが，このお母さんはキャラ弁まで作っているママ友たちのほうが気になってしまっているのです。森野クマさんが評しているように，「弁当を作る多くのお母さんにとって，それは現実的な日々の作業というだけじゃなく，『愛』の表現であり，試される場面」（前掲書p.76）になっているのでしょう。しかもそれは，子どもを素通りしてママ友同士での競争になってしまっています。

　そのおかげで「イヤなら自分で作りなさい」と言えず，疲れた心身にムチを打って，彩り鮮やかな弁当を作っていたら，不機嫌になったりブチ切れたりすることもあるでしょう。けれども，「ウチはウチ。ヨソはヨソ」ときっぱり言われずに育った子どもは，カラフル弁当を作ってくれて当然だと思うでしょうし，不機嫌になったりブチ切れたりするお母さんを，ヨソと比べて「ちぇっ，ウチの親ってケチで心が狭いなあ」なんて思うようになるでしょう。親にかしずかれて当然，つまり親を「家来」視するようになるのです——この話はあとでくわしく展開しますので，「段取りママ」をやってしまうのは，「段取りママ競争」があるからで，その圧力を無視することはかなり難しいからだ，ということを押さえておいてください。

　この「段取りママ競争」を，精神神経科医の石川憲彦さんは，「いい親競争」と喝破しています。本来の段取りとは，「自分のなかに体系立った価値観と方向性をもち，それをもとに，ものごとに優先順位をつけてやっていく」ことであり，「昔の親の段取りは，『親の手から離れたときに食っていけるように』ということでした」。それが現在では，「たんに親も子もそこそこ浮かないで，

うまくすりぬけてやっていくための気づかい」、あるいは「学校社会のなかでちょっと人気者になるとか、『あの子うまいわね〜』的な賞賛の対象となるといった、その程度の段取り。親のくらべっこ」にすぎない、と（前掲書pp.80-82）。

ハードコア系「段取りママ」

　上述の、塾選びと弁当作りで相談を寄せた2人のお母さんは、どこまで段取りすべきなのか、自分は正しいのか間違っているのか、迷いが見られます。これに対して、筋金入り＝ハードコア系「段取りママ」は、わが子を未熟にする大人そのものといえるでしょう。E子さんのお母さんがそうです。わが子のために自分は正しいことをやっている、と信じて疑っていません。そうでなかったら、本来はE子さんが自分でやるべき、偏差値に合った大学を探す（あるいは探さない）こと、オープンキャンパスに行くか行かないか、行くならどこにすべきか、その決定のためにどんな情報をどうやって取り寄せるかといった一連の段取りを、E子さんの代わりにやってあげたりはしないでしょう。

　「ここまで代わりにやってあげていたら、生きる術も身につかないし自主性も育たないよ。どうしてE子さんのお母さんタイプには、それがわからないんだろう？」と、みなさんは思うでしょう。なぜわからないか。それは比喩的にいえば、「家来」的な役割をやめられないからです。換言すれば、「自分は身近な人のために尽くしている」という満足感が得られると同時に、「私が傍についてあげているから、困らない人生を歩めるのよ」と、愛という名の支配欲をも満たせるからです。

　古代の哲学者アリストテレスが『ニコマコス倫理学』第9巻第4章・第8章で述べているように、人間の抱く愛とは、まず自尊感情からの愛、つまり自己愛です。身近な言葉でいえば、他者を

愛するにはまず自分を愛することが必要だ，ということです。この原理をふまえて現代の哲学者コント＝スポンヴィルは、「なぜ私たちはこうまでわが子を愛し、他人の子どもはほとんど愛さないのだろうか」と問います。そして「それは、この子どもが私たちの子どもであり、私たちが彼らを通して自分自身を愛しているからだ」と述べています（Comte＝Sponville 1995/1999, p. 466）。

コント＝スポンヴィルのこのくだりを紹介すると、キョトンとするか、「ウチの親はそんな利己的な親じゃない。私のことを心から考えてくれている」と、的外れな反論をする学生がいます。その証拠に、「他者を愛するにはまず自分を愛することが必要だ、というのはわかる？」と訊くと、それはわかる、と言います。「コント＝スポンヴィルが述べているのはそういうことだよ」というと、「……なんとなくわかった」。なんとなくではなく、しっかりわかってください。以下は、これを前提とした説明です。

E子さんのお母さんタイプに話を戻しましょう。愛という名の支配欲は、見せかけ的には他者への愛ですが、実はまったくのところ、そうではなく、歪んだ自己愛が表出されたものです。子どもの傍についてあげているという「自己犠牲」、困らない人生を歩ませることができるという「権力」に、酔いしれている状態といっていいかもしれません。

みなさんのお母さんは、E子さんのお母さんのようにハードコア系「段取りママ」なのか、ややそうなのか、あるいは全然そうでないのか、それはいろいろかと思いますが、ここでみなさんに凝視してほしいのは、**どれほどみなさんのことを愛してくれていようとも、その出発点は自己愛であり、そうであるかぎり、親自身の自己愛は、みなさんの自己愛と同様に、健全に表出されることもあれば歪んで表出されることもある**、という事実です。

第3章　わが子を未熟にする大人

親だって，ただの弱い人間である

　こんなふうに，自分の親の弱いところ・汚いところを見るのは嫌なものです。けれども，そこから目をそらしたら，大人になれないのです。**扉クイズ③**で「**B.** そこまでしなくていいけれど，まあ構わない」と答えた人は，「お母さん，こういうことは自分でやるから，もうしないでね」ときっぱり言わなくてはなりません。もちろん，「**A.** 助かる，嬉しい」と答えた人も同様です。親を突き放す優しさが要るのです。

　おそらく誰だって，自分の親には，自分を守ってくれる，視野の広い，頼もしい存在でいてほしいと思うでしょう。けれども親だって，ただの弱い人間です。生身の身体を張って，必死に生きています。親だって，その狭い世界を中心に，どうしていいかわからないことを抱えつつ，生きています。[3]

　わが子を思う気持ちから，しかしそこに歪んだ自己愛や不安が入り混じって，控えるべきことを子育てのなかでやってしまう。自分の親のそんな弱さや汚なさを受け止めて，自分のほうから率先して「お母さん，まずは自力でやってみるよ。困ったら相談するからさ」と突き放してあげましょう。これが大人の優しさです。

3　それが見えない大学生がいます。「私のお母さんは，子どもが自己実現できるよう，いつも自分のことを犠牲にして育ててくれました。だからいま私は，この大学で学べています。自分も将来結婚したら，お母さんのように一生懸命，子育てしたいと思います」。こんなことを，何の疑いもなく言えてしまう学生はナイーブであると言わざるをえません。「お父さんと結婚したことを後悔している」「子どもなんて産むんじゃなかったと思うことがある」「あなたたちがこうして手がかからなくなってみると，自分の人生，何だったのかと考え込んでしまう」。こうしたことを表に出さないだけで，内奥では悶々としているかもしれないのです。これは実際にそうなのか，というよりも想像力の有無の問題です。

ところで，人生の折り返し地点を過ぎて筆者が痛感していることがあります。それは，人間は次世代の育成をとおして，自分のなかに歴史を読み込めるようになる，ということです。子どもや生徒や学生を育てることによって自他の違いや共通点に驚きつつ，ああ，自分の成長や生きてきた時代とは，かくかくしかじかのものだったんだ，と解釈がすうっと入ってくる。いままでとは違った人生の風景が見えてきて，自分のライフ・キャリアを再解釈できる。それをふまえて，子世代のことを理解するようになっていくのです。

　だとすれば，親世代と子世代の社会・生活状況の違いが大きければ大きいほど，子世代を理解することが難しくなります。自分が成長してきたのとは，えらく勝手が違う社会のなかで子どもたちは生きている。そう認識すると，どうやって子育てするのが良いのか，子どもに何と言ったらよいのか，とっても迷うし心配になります。だから，「ツヨシ，あんたエントリーシート，何社出したの？　やっぱり大企業も出してみたら？　なんたって，福利厚生がいいでしょ？」とか言ってきたりするのです。

　ここで「んあああ〜」と面倒くさそうに唸るもの一興ですが(笑)，せっかく本書でキャリアデザイン学を学んでいるのですから，逆に親御さんに，いろいろと教えてあげましょう。これもまた，親を突き放す優しさの1つです。

2　自主性が育たないことより問題なこと

●大人を「家来」視する大学生

自分の快・不快が中心

　第1節では，世の中には「段取りママ」であるべし，という社

会的圧力があって,それに抗するのは容易ではないこと,子どもに対する親の愛は自己愛が出発点であるため歪むことも少なくないこと,大学生であるならば,自分の親がそうした面を見せても,毅然として突き放す優しさが要ることを述べてきました。

以上のことは,頭では理解できても,実行するのはけっこう難しかったりします。なぜなら,「水は低きに流れる」の諺のとおり,段取りをしてもらうのは楽チンだからです。E子さんの例に戻ってみましょう。「そろそろ志望校,決めないといけないかな」と呟いた2日後に早くも,大学のパンフレットが手元に現れ,オープンキャンパスの日程も判明したのでした。

「お母さん,こういうことは自分でやるから,もうしないでね」と言ったとしても,お母さんが,その後も何かと段取りをやめなかったとしたら,「根負け」するのではないでしょうか。「なんか窮屈で嫌だなあ」とどこかで感じつつも,「でもお母さんは,私のことを思って,いろいろ尽くしてくれているんだから,あんまり文句いったら悪いし,それにいまの状態はやっぱり楽だし,まあいいか……」と自己正当化してしまうかもしれません。

親の（過剰な）段取りを受け入れたままにしてしまうことの問題は2つあります。1つは,これはすぐに思い浮かぶことですが,段取りの技術が身につかず,苦労の価値を学ばないこと——一般的に「自主性が育たない」と呼ばれていることです。ほんの小さなことでも,段取りを整えることは,非常に面倒くさいことです。段取りは,たくさんの失敗や苦労をしながら覚えていくものですが,その機会を自ら失っているわけです。もう1つの問題は——筆者は,こちらのほうがより深刻ではないかと思います——人様が行なう段取りの苦労を知らないので,自分自身の快・不快を中心にして,自分に関わる他者を好き嫌いで評価するようになりがちだ,ということです。

この懸念が，取り越し苦労ならいいのですが，残念ながら，先の「段取りママ」特集号のなかで，小学校教員を40年近く勤めている岡崎勝さんが，次のように述べています。
　「『親が段取りする』のはあたりまえという慣習的行動を身につけている子どもは，その段取りに感謝もしなければ，これからは自分でやろう・やってみようなどとは決して思わない」し，「多くの子どもは，『段取るのがめんどうだから，やめてしまおう』と，全面とりさげにいたることもある。そこが親の一番の心配ごとだし，それを察知して子どもに『おれにやってほしければ，ちゃんと段取っておけ』と」なる（前掲書 pp. 102-103）。だから岡崎さんは，「段取りを肩がわりする先生や友だちへの『思いやり』『感謝』そして『改善意欲』が，子ども自身にまったくないという」ことに対して「ブチ切れる」（前掲書 p. 101）のです。
　段取りを肩代わりしてくれる人間に感謝の念が湧かないのは，そこに苦労があるなんて思ってもみないからでしょう。かわりにその心をいっぱいにしているのは，自分自身の快・不快という感情です。さきほど，カラフル弁当を作ってくれなくて，「ちぇっ，ウチの親ってケチで心が狭いなあ」なんて思う，親を「家来」視した人の話をしました。こういう人は，友だちの彩り鮮やかな弁当と比べることによって感じる「お弁当が茶色くて悲しい」という不快に耐えられないのです。
　第 *2* 章では，人間社会では，自分の快・不快よりも，善悪や真偽を優先しなければならないことがたくさんある，と述べました（p. 37）。したがって，大人になっていく過程にある人が，自分自身の快・不快を中心にして，自分に関わる他者を好き嫌いを中心とした感情の次元で評価する態度を当然と感じるのは，由々しきことだと思います。
　ところが世の中はおしなべて，便利さ・快適さ・愉快さを商品

として強烈にマーケティングをしています。これは第 6 章でも考えるように、テクノロジーの追求の歴史は、アメニティの追求の歴史でもあったといっても過言ではないでしょう。人間は、生活が便利・快適・愉快になることを目指してきました。**問題は、「そこは快・不快に基づいて行動するところではないだろう」という領域すら、侵食しがちだということ**です。

便利さ・快適さ・愉快さが商品として幅を利かせる消費社会のなかで、「段取りママ」が子どもの生活を「プロデュース」してしまう。これでは子どもが、人様が行なう段取りの苦労を知らずに、自分自身の快・不快を中心にして、自分に関わる他者を好き嫌いを中心とした感情の次元で評価するように成長してしまったとしても、不思議ではないでしょう。

大学でも快・不快を中心にして学ぶ傾向

大学で教えていると、程度の差こそあれ、このような学生たちに出会います。過日、担当授業で拙著『大学選びより 100 倍大切なこと』(ジャパンマシニスト社, 2014) を、中間レポートの課題図書にしました。「自分にとって発見であったこと、考えが深まったこと、疑問として残ったことなどについて、最低 2000 字で述べよ」。3 年生の F くんが、こんなことを書いてきました。

　私は本書を読むまで、［この授業で］毎回なぜしっかりと予習をしてこなければならないのかと正直思っていた。確かに予習をすることは講義を深める上で大切なことかもしれないが、それは先生が学生たちに予習をしてもらわないと講義を進行できない力量不足なのであり、予習を学生にしてもらうことでそれを補ってもらっている。ベストな講義は予習をしなくても学生みんながついていけ、毎回のテーマについて議論ができる授業だと勘違いして

いた。

　拙著は，大学は高校までと違って，予習のほうが復習より大切だ，人から教わる前に自力で理解を深めようと格闘する力を磨くのだ，と主張しています（pp. 123-126. 本書 p. 93 の**サプリメント・コラム④**も参照）。そこを読むまで，Fくんは次のように考えていたといえるでしょう。
　なぜ，この僕が予習なんていう手間暇をかけなくちゃいけないのか。そんな「コスパ（コスト・パフォーマンス）」が悪い授業をするのはダメ教師だ。しっかり段取りして，予習しなくてもみんながわかる授業をすべきだ。それができない教師は劣っている。
　つまり，Fくんは，親と同じく大人である大学教員をも，比喩的にいえば，王様が家来を見るように見ています。苦労するのは不愉快だ（「朕は不快なり」），そうさせないこと，学生を喜ばせること（「朕は快なり」）が大学教員の役目のはずだ，と。
　けれども大学での学びは，もちろん小中高でもそうですが，自分の快・不快という感情の次元で捉えていては，侵食されてスカスカなものになりはててしまいます。難しいのは不快だ。何を調べたらいいのかわからないのも，いくら調べてもわからないのも不快だ。直せと言われた文章を直すのも時間がかかるから不快だ。面白いことを喋る先生の授業は愉快だ。プリントが丁寧でノートを取る必要のない授業は心地よい。テスト問題を前ばらししてくれる先生が好きだ——これでは，何も習得できません。
　『大学生になるってどういうこと？——学習・生活・キャリア形成』（大月書店，2014年）という，ピタリとツボを押さえた大学生活入門書のなかで，著者の一人である教育社会学者の寺崎里水さんは，「学習とは，先生の個人的なキャラクターにふれて感銘

第3章 わが子を未熟にする大人

を受けることや、うまいというなあと感心することとは違います」（p.92）と述べています。この指摘は、学びの価値とは自分の感情によって判断するものではないとする点で、本書の主張にも通じていると思います。

ふり返れば、第*1*章では、キャリアデザイン学とは、自己の本来的使命は何か、どんな社会で生きてゆきたいかを問い続ける学問であり、諸学問との緊密な関連のなかで学際的に存在する、と述べました。また第*2*章では、諸学問のうち人文・社会科学を取り上げ、これらは社会の面白さやすごさと同時に、その理不尽さや汚さ、また人間の苦悩について解き明かす学問である、と説明しました。したがって、みなさんが大学で学ぶことには奥ゆきと広がりがあるわけです。だから学ぶのにはとうぜん手間暇がかかります。学問は、自分の快・不快の感情を高みにおいて見下ろしてはならない営みなのです。[4]

どんなことをどの程度、快あるいは不快と感じるか。これには、育ち方――本章の文脈でいえば、どんな段取りを親が肩代わりしてくれてきたか――が大きく関わっており、大学での学び方に大

4 ただし勘違いしないでほしいのですが、学ぶ内容そのものに関する快・不快の感情は、もち続けてよいのです。たとえば、「愛情があるなら教師は児童・生徒に体罰をしてもかまわない」という主張を、快く感じるか、それとも不快に感じるか。快にせよ不快にせよ、その感情を抑圧することは不可能でしょう（学問の客観性は、感情を抑圧することではなく、感情と距離を置くことによって担保されるのです）。

大事なのは、なぜ自分／他者は、快あるいは不快と感じるのかを、感情的にならず、きちんと分析することです。そこには、「どんな社会で生きてゆきたいか」をリアリスティックに構想するための材料がたくさんあります。快・不快という、人間の基底的な感情を無視した社会構想は無理が大きく現実性に乏しいものです。だからこそ、自分／他者の快・不快を凝視することが必要です。

きく影響します。それゆえこの第3章では、みなさんがそれぞれの育ち方をふり返るための題材を提供すべく、「段取りママ」の問題とそこから派生する問題とを取り上げてきました。

3 「失敗を恐れるな」への不信
●自己を「ゆるす」までの苦しみ

大人の社会は、人様のためにずっと段取りし続けるところ

育ち方に関するふり返りの結果は、人それぞれだったでしょうが、みなさんに共通しているのは、**社会に出たら、自分のためにはもちろんのこと、人様のため・社会のために、骨身を削って段取りをし続けていかねばならない**　ということです。自分の快・不快を中心にして、周囲の人が自分をどれだけ楽しませ喜ばせてくれるかという目線でもって、他者との関係を構築している場合ではありません。

取引先のP社に納入した部品αの1万個のほとんどが不良品だった。先方は「明後日の午前9時までに1万個揃わなかったら、今後の取引は再考させてもらわざるを得ない」。どうするのが最善か。

勤め先のNPO法人の理事長が「Q市が委託の公募をかけている、母子家庭の母のための就労相談事業（1年間で900万円）に応募することに決めた」と話している。締め切りは1週間後。新入りのあなたが一番ヒマだから、と申請書作成の仕事が回ってきた。申請書なんて書いたこともないのに、どうしたらよいのか。

社会に出たら、こうしたことの繰り返しです。つまり、時間的余裕などほぼ皆無で、能力的に可能なのかも不確かなまま、とにかく、対応しなくてはなりません。文句を言っているヒマもなく、

聞いてくれる人もいません。したがって，段取り力をきちんと磨く必要があるのです。

前出の石川憲彦さんが，段取りの本来的な意味について述べていました。すなわち，「自分のなかに体系立った価値観と方向性をもち，それをもとに，ものごとに優先順位をつけてやっていくこと」が段取りである，と。してみれば，段取りとは，究極的にはキャリアデザインと隣接します。なぜなら，自分のなかに体系立った価値観と方向性をもつことこそ，自分の本来的使命は何かという問いへの一つの答え方になるからです。

もちろん，これは最も大きな話で，段取りの内容とレベルはさまざまです。家で御飯をつくる，洗濯をして干す，デートコースの下調べをする，10科目もある期末試験の勉強を間に合わせる，ゼミの共同発表でコケないように班長としてメンバーの尻叩きをする，サークルや部活で行く旅行のホテルを探して予約する，初めて行く会社の面接に遅刻しないよう場所と時間を調べる……。

さて，いまここに挙げた7つのうち，自分で段取りして実行したことのないものはいくつありましたか。もし，やったことのない項目を，いまやらなくてはならなくなったとしたら，どう感じますか，また，具体的には何をしますか。おそらく，抵抗感の大きい／小さい，自分にできそう／できなさそう，「やることリスト」が思い浮かぶ／浮かばない，といった反応が自分のなかにあるでしょう。これら3つの反応は関連性が高く，「やることリスト」があまり具体的に思い浮かばないと，自分にはできなさそうと思い，したがってやりたくないなと抵抗感も大きくなるでしょう。

段取りとは未知への挑戦である

そうなのです，段取りとは，いっぺん実行して頭と身体で流れ

を覚えるまでは，未知への挑戦に他なりません。したがって，日常生活のことから将来のことまで，親をはじめとした他者が段取りの肩代わりをしていればしているほど，未知のものに挑戦する気持ちが弱くなります。

　未知なるものへの挑戦意欲が弱い理由は，大きく分けて2つあるでしょう。1つは，自分の他にやってくれる人がいるのに，なぜわざわざ自分がしなくてはならないのか，というコスト論的理由。たとえば，サークルや部活で行く旅行のホテルを探して予約する，ということであれば，「旅行好きで世話好きのGくんがいるんだから，アイツにやらせとけばいいじゃん」といった具合です。

　もう1つの理由は，失敗したらどうしよう，という不安感。たとえば，ゼミの共同発表でコケないように班長としてメンバーの尻叩きをする，ということであれば，「班長としてうまくまとめられなかったら，発表は失敗して……嗚呼！」なんてなる感じです。これら2つの理由のいずれにしても，挑戦意欲が弱いことは，挑戦の回数を減らす方向に作用します。問題は，それによって失敗経験の積み重ねができないことです。

　失敗経験の積み重ねがなぜ大切かというと，1つには，成功よりも失敗から学ぶことのほうが大きいからであり，もう1つには，良い意味で失敗に鈍感になれるからです。失敗への鈍感さ，つまり，失敗なんて大したことない，という気づきがあってはじめて，挑戦意欲が湧きます。

5　アメリカの作家W.サローヤンは「有能な人間は失敗から学ぶから有能なのである。成功から学ぶものなど，たかが知れている」と述べています。

「失敗を恐れるな」が信じられない理由

　上記1つめは「失敗は成功の母」という格言に言い換えられ，そこから「だから，失敗を恐れるな」という助言が生まれます。みなさん，耳にタコができるくらい，こういうことを聞いているのではないかと思います。けれども，こうした言葉によって，「そうだよ，失敗を恐れる必要はないんだ！」なんて勇気が出た人は，ごくごく少数であって，「でもさ，やっぱり失敗するの，怖いんだよね〜」という人が多いのではないでしょうか。

　そうなるのはわかる気がするのです。なぜなら，「失敗を恐れるな」と言っている大人（教師や親）からは，言葉とは裏腹に「失敗するんじゃないぞオーラ」が出ているように，みなさんは感じていると思うからです。「先生，できなかったら，怒るでしょ？」と。

　いいえ，怒りません。「叱る」ことはあるでしょうが。「怒る」は感情ですが，「叱る」は違います。プロセスつまり段取りをいい加減にした結果が失敗だったら，「そら，アカンやろ」とまずは叱ります。けれども，本人がベストを尽くした結果として失敗したならば，どこがまずかったのか，どうすればよかったのか，一緒に考えます。いい加減にやった人にはまず説教しますが，すっと共同分析に移って，それを次に活かしてほしいなあと思うのです。

　少なからぬ学生のみなさんは，こうした区別がついていないように思います。結果だけで人間として失敗か成功かを評価されるのだ，と思い込んでいませんか。成績でD（不可）が付いたら，自分は失敗者としての烙印を押されたんだ，と勘違いしていませんか。いえいえ，それは違います。成績評価は，採点基準という一つのルールにしたがって付けられるものにすぎず，それはあな

> **サプリメント・コラム③:文具代はケチらない——身辺を整えられることが大人の証拠**
>
> 　大学は,高校と比べて受講する授業数が多く,配布されるレジュメやプリントもたくさんあります。このうえに,インターンシップや就活などがかぶってくると,もう,資料の山,山,山。「私の部屋は,プリントや資料でゴチャゴチャです。どうやって整理すればよいですか?」答えは簡単。「文具売り場で収納グッズをたっぷり買いなさい」。ボックスファイル,ケースファイル,クリアブック,これら「三種の神器」をたっぷり購入しましょう。
> 　たとえば,クリアブックは,受講している授業の数だけ用意する。火曜の授業が3コマなら,クリアブックを3つ持っていく。しばしば,たった1つのクリアファイルがパンパンに膨れ上がって,はみ出した紙の部分がボロボロになっている,そんな学生を見ます。これでは,何がどこにあるのか,さっぱりわかりません。一体どうやって勉強するのでしょう?「たしか先々週の経営学Ⅰのプリントに,レポート課題のことが書いてあったなあ,でも,どこに行ったっけ?」これでは困ります。自分の面倒は自分で見る。自分の身の回りのことは自分でできる。それが大人の基本です。
> 　逆に,整理整頓しすぎる学生もいます。きれいにファイルできると勉強した気になるタイプも少なくない。これでは本末転倒です。「あのケースファイルには,あんまし勉強しない『社会学原論』のレジュメが全部入っている」「このボックスファイルには,金融関係の会社資料を全部入れてある」。こんなふうに,勉強の頻度や紙の分量に応じて,放り込んでおく収納グッズを使い分けましょう。
> 　いずれにしても,文具代はケチらない。そこがミソです。

たの人格とは独立した(別個の)ものです。柔道の試合で一本勝ちを相手に決められて負けたからといって,あなたが人生の失敗者という烙印を押されるわけではないのと同じです。

　「失敗を恐れるな」という言葉を信じられるようになるためには,結果だけで判断されることが多いように見える社会のなかで,必ずしもそんなことはないのだ,叱られることはあるかもしれないけど,伴走してくれる人がいるんだ,と気づくことが肝心だと思います。ただしこのことに気づくのには,人様に段取りを肩代わりしてもらっていては無理ですよね。**あなたのプロセスを見て**

いるよ，と見守ってもらうには，あなた自身が段取りをしなくてはならないのですから。そう考えると，「段取りママ」は，わが子からプロセスを奪っておいて，あとは結果だけ出しなさいね，と要求しているということがわかります。

　それでも失敗を恐れる理由

　以上のように，みなさんが「失敗するんじゃないぞオーラ」を感じるときには，それが妥当な場合とそうでない場合とがあります。ただしいずれの場合でも，自分のもっと内奥に，それでも失敗を恐れる理由があると，筆者は考えます。それは，「ありのままの自分」と「こうでありたい自分」とのギャップに気づくのが怖い，ということです。

　「こうでありたい自分」を組み立て上げる材料の多くは，自分の外側からやってきます。大きくは2種類あります。1つは，具体的な理想像。「こういうのが理想なんだよね」というとき，それは，こうなれたらいいのになという身近な他者であったり，スポーツ選手や俳優やミュージシャンであったりします。理想像としての他者とは，あなたが「盛って」こね上げた，失敗していない存在です。もう1種類の材料は，他者の評価です。「これこれができるとすごいって認めてもらえるんだ」「しかじかができないとダメ出しされるんだ」といったものです。

　いずれの外的規準を採用するにせよ，人様にあれこれと段取りを肩代わりしてもらっていると，「ありのままの自分」が未熟なまま，成長が止まっているために，「ありのままの自分」と「こうでありたい自分」とのギャップは，広がっていってしまいます。これでは，何でも失敗してしまい，「ありのままの自分」が未熟であることが周囲にバレてしまう，と自分で気づいてしまいます。ダメダメな「ありのままの自分」が，他者に気づかれてしまうこ

とが，怖いのです。

　こうした恐怖の根本的問題は，外的規準に依存していることです。もちろん，人間は社会で生きていかなくてはならないので，外的規準を無視することはできません。しかしだからといって，外的規準こそが正しいというのは思い込みにすぎません。外的規準からは独立した（別個の），内的規準が自己のなかになければなりません。内的規準の中味がどんなものか，それは人によって異なりますが，内的規準が生み出される条件（の1つ）は共通しています。それは，「ありのままの自分」を受容することです。

　自己受容という言葉は，やたらと流行って手垢がついて，なんだかわかった気になれるマジックワードになってしまっています。結局のところ，自己受容とは何でしょうか。筆者は，フランスの哲学者シモーヌ・ヴェイユの言葉を借りて，それは「ゆるし」であると述べたいと思います。「わたしもまた，自分でそうだと想像しているものとはちがったものである。このことを知るのが，ゆるしである」(Weil, 1960/1995, p.22)。

　「ゆるし／ゆるす」という言葉は通常，「罪，とが，あやまち，欠点などをとがめないで済ませる。また，罰したものを赦免する。釈放する」という意味で使われています（『〔精選版〕日本国語大辞典』）。ここで面白いのは，「あやまち」や「欠点」が，「罪」と並列されていることです。つまり私たちは，「あやまち」や「欠点」を，「罪」と同様に道徳的に非難する／責めることがあたりまえになっています。でも，そういうことはやめようよ，というのが「ゆるし」です。「とがめないで済ませる」わけですから。

　「ありのままの自分」が，ショボかったり人に迷惑をかけたりすると，ただでさえ他者からやいのやいの言われるのに，なぜさらに，自分でも責める必要があるのでしょうか。そんな自責的である必要はありません。あるいはまた，自分のショボさをちゃん

と自覚している私は、こんなに自分を責めています、と「アピって」自己防衛する必要もありません。

　そうではなく、**「ありのままの自分」が、どんなにショボかろうが人に迷惑をかけようが、その痛みは消えないだろうけど、愛想を尽かさず付き合ってあげよう——このように、自己を「ゆるす」ことができれば、「失敗したら、まあ、そのときはそのとき」と思えるようになる**でしょう。

　教育現象学者の遠藤野ゆりさんは、「人間である以上、私たちは必ず失敗をします……［だから］……必要なのは、失敗してしまう自分も、成功する自分と同じく大切な存在として受容できる、〈やわらかさ〉と〈たくましさ〉です」（遠藤 2014, p.160）と述べます。自分に感じる鋭い痛みを耐えうる鈍痛へとなだめつつ、この、〈やわらかさ〉と〈たくましさ〉という、一見正反対のものをつなぐのが、「ゆるし」なのだと筆者は考えます。

　ところで、ドイツの哲学者ハンナ・アレントは、「ゆるし」とは「他人の存在と活動に依存している」ものだから「だれも自分自身を許すことはできない」と指摘しています（Arendt, 1958＝1994, p.372）。これは一見すると、ここまで述べてきたことと矛盾するように見えます。しかし、そうではありません。「ゆるし」とは、自分という個体の内部のみにおいて起こせるものではなく「ありのままの自分」を受容してくれている他者が存在すると思えてはじめて可能になる、ということです。つまり、ありのままのあなたをまなざす他者のまなざし方を、あなたのなかに受容するのが「ゆるし」なのです。

小さな挑戦から始めよう

　本章もそろそろおしまいですので、その最後は、段取り力に自信がない人のために、具体的・実践的なことを書いておきたいと

思います(自信がある人は練習問題に飛んでください)。

　繰り返せば,段取りとは,いっぺん実行して頭と身体で流れを覚えるまでは,未知への挑戦なのでした。だから,段取り力をつけるためには,とりもなおさず,未知なるものに挑戦することが必要です。もちろん,なにもバラエティ番組の若手芸人のように,いきなり世界の果てまで行って登山をする必要とかはありません。未知なるものは,日常生活のなかにたくさん転がっています。そのなかから,もし失敗したとしても痛手が少なそうだな,と思えるものからやってみてください。

　「ヒロミ～,どうしてお父さんのワイシャツとあんたの赤い服,一緒に洗うのよ？　お父さ～ん,あした,ピンクのワイシャツでいいかしら？」ってなことになっても,ご愛敬,ご愛敬。

●対話的練習問題③

Ⅰ　家族の誰かがあなたの代わりに／ためにやってくれていることで,「自分が習慣的にやらなくちゃなあ」と思っていることを3つ挙げ,その理由も述べなさい。

Ⅱ　あなたは,自分に「ゆるし」を与えた経験がありますか。あるいは,誰かそういう人を知っていますか。そのことについて書いてください。

第 II 部

社会のなかを手探りで進む

第4章　社会人はどんなふうに働いているの？
○実は知らない多様な生き方

■扉クイズ④

　1992年と2012年は，35歳未満雇用者の何パーセントが，非正規従業員（非正規職員）だったでしょう？
（「雇用者」とは，雇われて働いている人（＝employee）のことです）

A．35％
B．30％
C．21％
D．16％

　　　1992年＝（　　　）　　　2012年＝（　　　）

第4章 社会人はどんなふうに働いているの？

1 どんな区分で「働くこと」を見るべきか

本章の目的と構成

扉クイズ④の正解は，1992年が「D．16％」で，2012年が「A．35％」です。より正確には，それぞれ16.5％と35.3％です。20年間で2倍強になっています。この値は男女計です。男女別ではどうか。それを5年ごとの変化を追ってみたのが**図4-1**です[6]。男性は10.5％→13.0％→19.5％→23.1％→25.3％，女性は24.9％→32.1％→44.3％→46.5％→47.0％と変化しています。

このように，変化を具体的数字で見ると，「非正規が増えていると聞いていたけど，こんなに増えているとは思ってもみなかった」「男女でこんなに差があるなんて知らなかった」など，新鮮な驚きを感じ，社会の見え方が少し（しかし大きく）変わったと思う人が多いのではないでしょうか。社会の見え方が一箇所変わると，別の部分を見る見方も，鋭く変わっていきます。社会の見

6　政府は定期的にさまざまな統計調査を実施し公表しているので，こうした値は，みなさんもすぐに調べ，かつ表やグラフに加工することができます。図4-1は，総務省統計局が5年ごとに実施している「就業構造基本調査」の結果表の1つを加工したものです。同局のウェブサイトで，「平成24年就業構造基本調査」を探し出すと，たくさんの表が載っていることがわかります。そのなかの「表Ⅱ-2-1　男女，年齢階級別雇用者（役員を除く）数，非正規の職員・従業員数及び割合の推移－平成4～24年」を，ここではExcelを用いて加工しました。

数字（統計データ）に強くなろうと思ったら，人様が加工した表やグラフとその説明を読むことに加えて，自分で調べ，表やグラフに加工し，それを記述（言葉で描写）してみることが不可欠です。

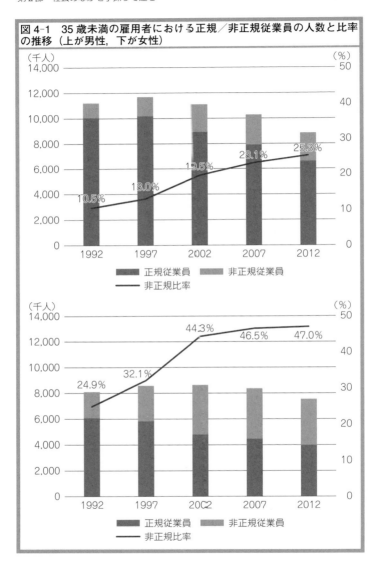

図 4-1　35歳未満の雇用者における正規／非正規従業員の人数と比率の推移（上が男性，下が女性）

え方が次々に変わっていくと，自分のキャリアと社会をどうデザインするかという，その仕方も変わっていきます。

そこで本章では，働き暮らしている人びとの現実を，やさしい統計データを使ってつまびらかにし，働き暮らすことに関するみなさんの知識とツッコミ力を増強します。「SY」な人——第*2*章で登場しましたね，「数字読めない」人——も，ここで苦手を克服しちゃってください。Number tells. つまり，「数字は語る」。数字（統計データ）は，社会的現実を鮮明に浮かび上がらせ，私たちに語りかけてきます。その語りかけを「聴き取る」力をつけるのです。

そのためには，「それは何を表わしているのか」，つまり，仕事と生活に関する基礎用語を理解する必要があります。「職業」と「従業上の地位」はどう違うのか。「派遣や請負」と並列されるけれど両者は何が異なるのか。「世帯」と「家族」の意味は同じか否か。こうした基本を押さえつつ，統計データを読む練習をします（第*1*節）。

続いて第*2*節では，BtoC（Business to Consumer）／BtoB（Business to Business）という対比を切り口に，職業（occupation）と産業（industry）に関する知識を増強します。単なる知識の詰め込みに終わらないようにする学び方についてもアドバイスします。

最後に第*3*節では，ワークライフバランスについて考察を深めます。「何がバランスが取れている状態かは，人それぞれだよ」という人がいるかも知れません。しかし，働き暮らすことについては，自分のバランスだけでなく，他者のバランスをも考慮に入れなくてはなりません。すると問題は難しくなりますね。だから，うーんと唸って考えてみよう，というわけです。

仕事と生活に関する基礎用語

　以下では，これだけは知っておいてほしい基礎用語の説明をします。仕事と生活に関する基礎用語は，①法律の条文に出てくる用語，②学問用語，③日常生活で慣習的に用いられている用語，④統計をとるために政府が用いている用語，などが混ざっています。

　④は，①②③を反映しています。統計をとるための質問票（アンケート用紙）に，「あなたの労働契約には雇用期間の定めがありますか」と書いても，「パートのおばちゃん」の多くは「さあ，そんなこと知らないわよ」と，未回答にするでしょう。そこで，法律的ないし学問的厳密さは犠牲にして，選択肢に「パート」や「アルバイト」などを載せて〇印をつけてもらうわけです。

　こうした事情で，仕事と生活に関する基礎用語は，あいまいさと複雑さを含んでいます。それらを細かく解説するのは本書の趣旨ではないので，以下の説明は要点を絞ってやさしめにしてあります。もっとくわしい説明がほしい人は，国語「辞」典ではなく，経済学「事」典や経営学「事」典など，専門的学問の「事典」や，政府の各種統計調査の「用語の解説」などを参照してください。

・**有償労働／無償労働**……労働の対価として，金銭を中心とした報酬が得られるのが有償労働，得られないのが無償労働です。同じ家事・育児でも，「外注」すれば有償労働，家庭内で行なえば無償労働です。以下では，主に有償労働について説明します。

・**従業上の地位**……どういう身分で働いているか。人を雇っているなら雇用主（employer）です。雇用主には，個人で事業を営んでいる場合（＝自営業主。開業医や個人経営の商店主など）と，法人

形態で事業を営んでいる場合とがあります。

雇われている人は雇用者（employee）です。紛らわしいのですが，「雇われ社長」は雇用者であって雇用主ではありません。「社長＝経営者＝従業員を雇う側」と思いがちですが，必ずしも，これが当てはまらない場合もあることに注意してください。

・正（規）社員と非正（規）社員……正社員というのは，実は日本独特の概念で，その意味するところは法律と慣習の両方から作られてきたので複雑です。1つだけ特徴を指摘すれば，正社員は雇用期間の定めのない雇用，非正社員は雇用期間の定めのある雇用，といえるでしょう。しかしあくまでも傾向ですので，絶対的にそうだ，ということではありません。

・雇用形態……勤め先での呼称によって雇用者を分類したもの。正社員・正規従業員，パート，アルバイト，契約社員，嘱託職員，などなど。「などなど」と書かざるをえないのは，勤め先がどう呼んでいるかは勤め先の数だけあるからです。ある会社の「メイト社員」と別の会社の「契約社員」とが，「1日8時間・週4日」で「3年間の有期雇用」と，労働時間と雇用契約期間がまったく同じこともありえます。

したがって，雇われ方についてくわしく知ろうと思ったら，勤務先での呼称にとらわれず，労働時間，雇用契約期間，勤務場所，指揮命令者がどうなっているのかという視点でチェックする必要があります。チェック方法については第7章で取り上げます。

7 かつては，employer＝雇用者，employee＝被雇用者，という用語が一般的でした。現在でも使われることがあります。

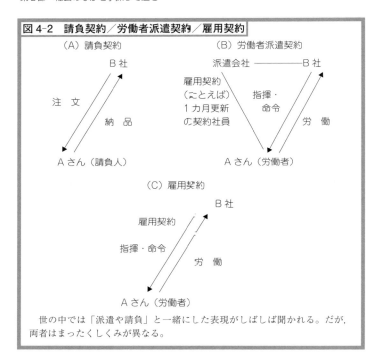

図4-2 請負契約／労働者派遣契約／雇用契約

世の中では「派遣や請負」と一緒にした表現がしばしば聞かれる。だが、両者はまったくしくみが異なる。

・**派遣労働**……労働者派遣法（正式名は「労働者派遣事業の適正な運営の確保及び派遣労働者の就業条件の整備等に関する法律」）によって規定されるところの労働。**図4-2**に示すように，通常は，従業員の雇用者と指揮命令者は一致していますが，派遣労働者の場合はそうではありません。派遣元が雇用者，派遣先が指揮命令者となるので，いろいろと難しい問題も出てきます。たとえば，「やれと言われる仕事内容には満足しているけれど，契約更新が3カ月ごとというのは短すぎて不満だ」といったことを，派遣先に伝えても，「それは弊社と派遣元との労働者派遣契約で決まっているから」と言われたりします。

・**請負労働**……業務発注者と業務受託者とのあいだで業務請負契約が締結されることで発生する労働。注意したいのは、業務請負契約は商取引に属し、雇用契約ではない、したがって労働法も適用されない、ということです。

たとえば甲社が個人事業主Qさんに「部品αを10日以内に1万個、単価は10円」という業務を発注したとしましょう。Qさんの労働時間が、10時間であろうと50時間であろうと、10円×1万個＝10万円、という報酬は変わりません。時給換算するなら、10時間なら1万円、50時間なら2000円にしかなりません。しかも、雇用契約ではないので、もしQさんが作業中に怪我をしても、労災保険は適用されません。

・**世帯**……住居と生計をともにする者の集まりのこと。したがって世帯は、家族・親族以外の人によっても構成されることがあります。たとえば、住み込みの雇用者がいる、といった場合です。世帯を代表するのが世帯主。ひとり暮らしをしている人は、単身世帯と呼ばれ、その当人が世帯主です。

世帯ということでいえば、母子世帯ないしひとり親世帯、高齢者世帯、生活保護世帯、なども社会的現実を明らかにするうえで重要です。

以上、最低限の基礎用語について説明しました。働くことというと、「どんな仕事をしているか」、つまり職業（occupation）という視点でもって考えがちなのですが、従業上の地位をはじめ、「どんな契約関係が取り結ばれているか」という視点から、さらにまた、「どんな世帯で暮らしているか」という視点からも、切り出してみることが大切です。

本節は最後に練習として、以上で学んだ基礎用語が登場する統

計を,もう1つだけ検討してみましょう。それは,「どんな世帯で暮らしているか」と有業／無業をクロスさせたデータの変化です。

世帯構成と就業の有無の関係変化

世帯とは,住居と生計をともにする者の集まりのことでした。各世帯では,誰かが何らかの収入を得て,あるいは,収入を得ていない状態で,世帯メンバーが暮らしています。また,世帯メンバーといっても,ひとりのこともあります。

以下では,ふたたび『就業構造基本調査』を加工して,1992年と2012年とで,世帯構成と就業の有無の関係を年齢階級別に比較してみましょう[8]。まずは**表4-1**を見てください。これは,単身世帯数と総世帯にしめるその割合を,男女別・年齢階級別に示したものです。ここから読み取れることを文章にしてみてください[9]。

表4-1からわかることは4点あります。第1に,いずれの性別・いずれの年齢階級でも,単身世帯数が増加しています。第2に,いずれの性別・いずれの年齢階級でも,総世帯にしめる単身世帯の割合が増加しています。第3に,とくに上昇幅が大きいのは,男性の40-64歳(6.8%→16.2%で9.4ポイント増)[10],65歳以上(7.5%→14.9%で7.4ポイント増),女性の15-39歳(7.3%→13.1%で

8 本来なら,1997, 2002, 2007年も入れるべきですが,練習と説明を簡単にするため,2時点比較にしました。
9 学生のレポートを読んでいると,提示した表やグラフの記述がまったくないものがあります。「SY」の学生に多いです。これは「見たらわかるでしょ」という態度であり,禁物です。**読み手は,書き手自身が表やグラフから何を読み取ったのかを知りたいのです。だから,きちんと記述しましょう。**

第4章　社会人はどんなふうに働いているの？

表4-1　男女別・年齢階級別・単身世帯数（上段）と総世帯にしめる割合（下段）

		1992	2012
男性	15〜39歳	3,277,000	3,815,100
		14.90%	20.60%
	40〜64歳	1,456,000	3,514,100
		6.80%	16.20%
	65歳以上	495,000	1,959,900
		7.50%	14.90%
女性	15〜39歳	1,569,000	2,357,100
		7.30%	13.10%
	40〜64歳	1,428,000	2,099,400
		6.50%	9.62%
	65歳以上	1,877,000	4,899,300
		19.50%	27.80%

5.8ポイント増），65歳以上（19.5%→27.8%で8.3ポイント増），となっています。

　それでは，なぜこのような変化が生じたのでしょうか。紙幅の都合上，くわしく説明することができませんので要点だけ述べます。その理由としては，男女ともに結婚しなくなった／できなくなったこと，（とくに）中高年の離別が増えていることなどが挙げられます。終身（長期）雇用制度が優勢ではなくなり，非正規雇用や失業の割合が増えれば，中長期的に安定した収入が見込めそうな人は減ります。そのことは，結婚しない／できない人や，離別する家族の数を増やす方向に作用します。

　だとすれば，安定収入の中長期的な見込みが回復するか，そうした見込みがなくても（ないからこそ）非単身世帯を形成すると

10　パーセントとパーセントのあいだの差は，「ポイント」ないし「パーセント・ポイント」であって，パーセントではありません。100人が80人になった場合は，これは20%の減少ですが，100%が80%になった場合は，20（パーセント）ポイントの減少と表現します。これはよく間違われますので注意してください。

いう意識の変化が生じない限り，単身世帯の割合は高まりこそすれ，下がることはないのではないでしょうか。そうした社会のメリット・デメリットはどんなものでしょうか。本節の冒頭で，社会の見方が変わっていくと，自分のキャリアと社会のデザインの仕方も変わってくると述べました。ここでひとつ考えてみてください。

2　BtoC すらよく知らない，BtoB はもっと知らない

BtoC の目線がうむ「有名企業」

前節では，「どんな仕事をしているか」，つまり職業（occupation）だけで働くことを見ていてはよくない，と述べました。本節ではその，仕事調べについて考えていきます。学生のみなさんは，「将来，どんな職業に就こうかなあ」とか「どの業種で働こうかなあ」などと思いをめぐらせていると思います。（とくに文系の）みなさんを見ていて気になることが2つあります。1つは，もっぱら BtoC の仕事を思い浮かべており，BtoB の仕事について掘り下げていくという発想に乏しいこと。もう1つは，BtoC の仕事にしても，表面を見ているだけのことが多いこと。順番に説明します。

BtoC というのは Business to Consumer の略で，財やサービスの消費者としての私たち，に接する仕事です。たとえば，オートバイがパンクしたら，バイク屋に修理に行きます。バイク屋（Business）は，私たち（Consumer）に対して（to），パンクの修理というサービスを提供します。

バイク屋が，パンク修理というサービスを提供するには，修理

技術の他に、替えタイヤの在庫が必要です。もし、タイヤバルブ（タイヤの空気注入口バルブ）自体がイカレていたら、タイヤバルブの在庫が必要です。バイク屋（Business）に対して（to）、タイヤやタイヤバルブを供給する卸売業者（Business）があり、その卸売業者に対しては、タイヤ製造業者やタイヤバルブ製造業者が供給します。これらがBtoB（Business to Business）であり、消費者としての私たちは、タイヤ製造業者やタイヤバルブ製造業者と直接には接しません。

「あれ、バイクを造っているのって、ホンダとカワサキとかスズキとかヤマハじゃないの？」——いい質問です。たしかにそうなのですが、これら完成品メーカーは、多数の部品メーカーから、部品を購入しています。そうです、ここにもBtoBがあります。消費者としての私たちから、（カーディーラーをあいだに挟んでですが）見えやすいのは完成品メーカーであって部品メーカーではありません。そしてまた、完成品メーカーはいわゆる有名企業であることが多く、部品メーカーはその傾向が小さかったりします。「有名企業」というのも、BtoC目線で見てそう言っている場合が多く、**業界内部（つまりBtoBの世界）でもまた、「知る人ぞ知る有名企業」が存在しています**[11]。**見えていないからといって存在していないわけではない**のです。知らないだけなのです。

したがって、職業研究や業界研究をするときは、最初はBtoCから入るにしても（よく知っているのはそれだけなのですから）、「こ

11　中小企業庁のウェブサイトには（2016年9月13日閲覧）、「元気なモノ作り中小企業300社」という、業種としては製造業のみですが、たいへん興味深い資料があります。日常生活で何気なく使っているモノについて、「へえぇ、こういう企業が造っているのか」とか「ふーむ、そりゃあ特許とれるよね」といった発見があってとても楽しく、BtoBやBtoCを見る目を養うことができます。
http://www.chusho.meti.go.jp/keiei/sapoin/monozukuri300sha/

の業界の BtoB は,どんなふうに広がっているんだろう?」とい
う視点でもって掘り下げてみてください。そのうえで,「この企
業は,これからどんな商売を広げていけるんだろう? そこには
どんな仕事が生まれてくるんだろう?」と問うてみてください。
ちなみに,前述のタイヤバルブですが,岐阜県大垣市に本社のあ
る,太平洋工業株式会社が,国内シェアほぼ100%,世界シェア
20%強をしめています[12]。

自己啓発本では「働くこと」のリアリティはつかめない

　学生のみなさんを見ていて気になる2つめの点として,BtoC
の仕事にしても,表面を見ているだけのことが多い,ということ
を挙げました。もちろん,どんな仕事でも実際に経験してみない
とわからないという意味では,外側にいる人間には表面しか見え
ません。ただし,ここで筆者が主張したいのは,そうであるにし
ても,表面の奥にある社会的リアリティを豊かに想像する力が弱
い,ということです。

　第2章で登場したC子さんだと,配食業者の営業職の仕事に
ついて,企業のウェブサイトなどで,仕事内容を説明した社員の
メッセージを読んでわかった気になり,あとの部分は自分が経験
している日頃の人間関係(相手のニーズを汲むことが大切,など)か
ら想像して埋めるだけ。配食業者のディテール(具体的事実)に
分け入っていこう,とはしません。

　このようなタイプの人は,対人関係スキル・処世術・仕事術・
勉強方法が書かれた本,つまり,**自己啓発本**が大好きです。就活
のときも,片っ端から読んでいたりします。けれども,**自己啓発**

12　同社ウェブサイトより(2016年9月13日閲覧)。http://
www.pacific-ind.co.jp/company/

本を読んでいても，働くことの社会的リアリティのキモにふれることはほとんどない，といってよいでしょう。

　会社で17年間，法人相手の営業マン（つまりBtoB）をしてきた兼業作家の初野晴さんが，面白いことを述べています。これは，ジェフリー・アーチャー作『追い風に帆を上げよ（下）――クリフトン年代記　第4部』（新潮社2015，原著2014）という小説の，巻末解説として書かれたものです。そのタイトルは「リアルの世界に立ち向かうために」。そこには初野さんが，新入社員を取引先に連れて行くときのことが書かれています。「普段どんな本を読んでおけばいいですか？」としょっちゅう訊いてくる彼らは，「小説ではなく，自己啓発本を望んでいるから戸惑います」（初野2015，p.350）。

　初野さんがとまどうのは，自己啓発本を読んだって，仕事のリアリティやそれをうまくやり抜く方法なんてわからないよ，と思っているからです。「一代で築きあげた社長や，トップセールスマン，優秀なエンジニアと親しくなればわかることですが，人に見えないところで彼らのしている努力や勉強は，自己啓発本には書かれていません」（初野2015，p.350）。

　仕事のリアリティやそれをうまくやり抜く方法を知りたいのなら，つまり，「リアルの世界に立ち向かうために」は小説を読みなよ，と初野さんは力説します。小説といってもさまざまなジャンルがあります。彼が巻末解説を書いたアーチャーという作家は，銀行，ホテル，新聞社，海運など，現代社会の多様な産業（industry）という舞台を詳細に書き込んだうえで，仕事で失敗や成功を重ね，私生活の絶頂とその崩壊を味わう，血の通った人間の生きてゆく丸ごとの姿を，読者に提示してきます。自己啓発本では味わえない，知識と知恵，ディテールの快感がそこにあります。だから初野さんは，小説を読みなよ，と力説するのです。

タイプ的に共通性のある作家として,アーサー・ヘイリーという人がいます。彼には『自動車』(新潮社 1973,原著 1971)という作品があり,その訳者解説で永井淳さんは,「組立工場,デザイン部門,研究所,重役室,広告会社,販売機構,労働問題,黒人問題,オートレーシングにいたるまで,あらゆる角度から新車の誕生までを描く作者の筆致は緻密にして周到をきわめる」(永井 1978, p.609) と評しています。

そして続けて,次のように指摘しています。「アーサー・ヘイリーの作品の特徴は,一言でいうならば,そこに描かれた現実のある特定分野に関する情報量の豊富さである。彼は現代の小説が単に人間の心のなかに沈潜するだけでは大多数の読者を満足させえないこと,かれらが物語を読む愉しみに加えて,現実生活のうえで何かしら役に立つ知識を求めていることを正確に見抜いている」(同書 p.607)。

「人間の心のなかに沈潜する」とは,たとえば,するどい心理描写がじわっと心に沁みてくることです。ところが,自己啓発本が大好きな人は,表面的な描写に終始する文章や,「人間の心のなかに沈潜する」に至っていない文章で満足してしまうのです。たとえば,「事例で挙げられていた R さんという営業マンの悔しい気持ちがよく伝わってきました。でも,その粘り強さに,自分も頑張ろうと思いました」程度で終わってしまう。

しかしこれでは,アーサー・ヘイリーが書くような「情報小説」の面白さを知らないままです。「彼の作品はホテルや病院や空港や銀行がどういう仕組みで動いているのか,それがわれわれの日常生活にどんなぐあいにかかわりあっているのか それぞれの世界に属する人間しか知らないような多くの知識や情報を駆使して,読者に教えてくれる」(同書 pp.307-608) のに,知性をはたらかせず,感情の次元で満足するだけ。嗚呼,もったいない!

> **サプリメント・コラム④：予習のほうが復習より大切——教わる前に自力でやってみる**
>
> 「予習より復習のほうが大切だ」。みなさんは、高校まではそう言われてきたでしょう。けれども、大学は違います。その反対で、予習のほうが復習よりも大切です。しかも、圧倒的に。なぜなら、人から教わる前にとにかく自力で読んでみる、調べてみる、考えてみる、といった動作をやり抜くことが、あなたの実力を高めるからです。人から教わるのを待ってばかりいて、一体どうやって想像力や創造力を伸ばせるというのでしょうか。
>
> 授業で教わったことをもう一度勉強する復習のほうが、ハードルが低い。高校までの先生は、生徒に最低限、なんとか勉強させるために、ハードルの低いほうを勧めていたにすぎません。
>
> 「予習なんかしたって、どうせ授業でやるんだから、コスパが悪いと思っていました。でも、予習が必修の授業に出て、自分がとんでもない勘違いをしていたことに気づきました。予習していくと、授業の吸収力が全然違うのです。もし、分らないことがあっても、何が分らないかが自分で明確なので、あいまいではない、ピタッとした質問ができます。いままで、もったいないことをしていました」。
>
> 学生が予習をしてこない授業では、教師は基礎知識の解説から始めなくてはいけないので、それを記憶させることにほとんどの時間を費やさざるをえず、基礎知識を組み合わせて社会現象を読み解いたり、それをふまえてクラスで議論するといった、本当に知的にエキサイティングな学びができません。嗚呼、もったいない！　だからみなさん、予習をしよう。

キャリア・ヒストリー研究を読んでみよう／自分でやってみよう

もしみなさんが、ホテル業界のことをくわしく知ろうとして、それに関する学術研究書と読んだとすると、「いろんなことがたくさん書いてあるけれど、なんだか小難しくてわかりにくいなあ」と感じることが少なくないのではないでしょうか。その理由としては、「特定分野に関する情報量の豊富さ」にはすごいものがある一方で、血の通った人間が動いていない感じがすることが大きいと思います。つまり、**物語性**（ストーリー性）が低いために興味が湧きにくいのです。

もちろん，物語性が低い書物であっても，大学生のみなさんには読めるようになってほしいのですが，ここでは，働くこと・生きることに関する，**物語性が高い学術書**があることを紹介しておきましょう。それは学問分野としては，社会学，文化人類学，歴史学，政治学，心理学や精神分析学など多岐にわたっており，その出自や流派によって，キャリア・ヒストリー，オーラル・ヒストリー，ライフ・ヒストリー，ライフ・ストーリーなどと呼ばれています[13]。対象者への聴き取りや，その人が残した書簡や日記，雑誌や新聞に書いた文章などを片っ端から集めて分析し，対象者の人生を再構成します。

みなさん，「春闘」をご存じでしょうか。3月ごろから5月にかけて，労働組合が経営側に対して賃上げをはじめ労働条件の改善を要求する，日本的なイベントです。これが始まったのは1955年，太田薫という人がその生みの親です。太田薫さんは高度成長期，労働組合界の親玉的存在でした。この人のことを水野秋さんという労働ジャーナリストが『太田薫とその時代』（同盟出版サービス，2001）という，計900頁を優に超える上下二巻本にまとめています。

この本を読むと，たとえば「春闘とは何か，いつ・どのようにして始まったのか」という問いが，小説を読むかのようにして明らかにされていきます。それはただ単に，誰が誰を説得した，といった人間関係のレベルだけではなく，当時の社会構造のレベルでも物語られているので，「そういう社会背景なら，現実的な選択肢はそれしかなかったんだろうな」といった理解も進みます。

13 興味のある人には，御厨貴『オーラル・ヒストリー——現代史のための口述記録』（中央公論新社，2002年）を，最初の一冊としてお勧めします。

第4章　社会人はどんなふうに働いているの？

　働くということは，一瞬の動作ではなく，人生のなかで続いていくことなので，**個人の歴史と社会の歴史とを重ね合わせることで，両方をより深く理解することができます。**たとえば，営業一筋27年，2016年現在50歳という人でも，駆け出しのころ，5年目，10年目……と，時期が経るにしたがって，ビジネス観，勤務先への忠誠心，人生観・社会観などが，変わってきていることでしょう。入社したのはバブル期真っ最中の1988年。5年後にはバブル崩壊，10年後にはアジア通貨危機……。そのときどきに，当人の仕事と生活にはどんな影響が及び，何を悩み考え，行動したか。こんなことを明らかにしていくと，表面の奥にある社会的リアリティが豊かに浮かび上がってきます。これが，キャリア・ヒストリー研究の醍醐味です。

　ですのでみなさん，キャリア・ヒストリー研究の書物を読むだけでなく，自分でもやってみるとよいと思います。実は，こうした学習は近年大学の初年次教育でもなされることがあります。「身近な人に，仕事やこれまでの人生のことをインタビューしなさい」と。ただ，ほとんどの学生は，「話を聴くなんて，いつもやってることじゃん」と軽く考えているため，対象者が生きてきた時代についてろくに下調べをしません。そのため，「どうしてその職に就いたんですか」「一番辛かったことは何ですか」「私生活とのバランスはとれていますか」といった，それこそ紋切型の質問をし，気の利いた追加質問のひとつもできず，ショボいインタビューになって終わり，ということが多いのです。嗚呼，もったいない！　それ以前に，話してくれた方に失礼です。

3　その社会人に「夜」はあるか？

誰のためのワークライフバランス？

　いましがた,「私生活とのバランスはとれていますか」というのは紋切型の質問だといいましたが,する意味がないのではありません。返答に対してよりつっこんだ質問を用意しないで訊くならばそれは愚かしい,ということです。「私生活とのバランスはとれていますか」というのは重要な問いかけです。本節では,このワークライフバランスについて考えます。

　ワークライフバランスが大切だといわれる背景には,働きすぎがあります。働きすぎというと,労働時間がもっぱら取り上げられますが,それは労働密度によっても規定されます。同じ1日8時間労働であっても,たとえば駐亘場管理人と航空管制官とを比べてみると,メンタル（精神）とテーブ（nerve＝神経）の疲労度は,後者のほうが圧倒的に大きいでしょう。

　いずれにしても,長時間労働は,残業（超過勤務）代が嵩む企業にとっても（払っていれば,ですが）,疲労が嵩む労働者にとっても,問題です。対応策として近年注目されたのは,伊藤忠商事が2014年5月から正式に導入した「朝型勤務シフト」でしょう。具体的内容は以下のとおりです。[14]

・深夜勤務（22:00-5:00）の「禁止」,20:00-22:00勤務

14　伊藤忠商事のウェブサイトを参照（2016年9月13日閲覧）。
http://www.itochu.co.jp/ja/news/2013/130802.html

の「原則禁止」。ただし，やむをえず 20：00 以降勤務が必要な場合は事前申請のうえ，認める。

・早朝勤務時間（5：00-8：00）は，インセンティブとして，深夜勤務と同様の割増し賃金（時間管理対象者：150％/時間管理対象外：25％）を支給する。

　※7：50 以前始業の場合，5：00-8：00 の割増率を 8：00-9：00 にも適用。

・健康管理の観点から 8：00 前始業社員に対し，軽食を支給する。

　伊藤忠商事では，この制度によって超過勤務支給総額が減り，かつ，「夜は早く帰ってしっかり休んで疲れをとり，朝きてやるほうが仕事の能率が上がる」「朝食が出るのがありがたい」と社員にも評判がよいようです。伊藤忠商事をみならって，こうした制度を導入する企業も増えてきました。みなさんは，早朝勤務制度をどう評価しますか。

　「素晴らしい制度だ」。そんな意見の人が多いのではないでしょうか。しかし，「私たちの存在を考慮に入れていない」と述べる人たちもいるのです。子どものいる家庭の母親です。「夫は，家族が起きる前に家を出る。私は子どもを起こして，お弁当をつくる。そのあと出社するのは私も一緒」と。

　「早朝勤務制度をどう評価しますか」と問いかけられたとき，みなさんが浮かべた働く人のなかには，自分（と同じ立場）以外の人間もいましたか。さまざまな人びとの働き方を調べ，理解すること。自分のワークライフバランスだけを考えているようではいけないのです。**人文・社会科学を学ぶこととは，その力を磨くことであり，それは自分が生きていく社会をより善くすることにつながります。**

疲れがとれれば充分か？／好きで残業しているから構わないのか？

　残業のために帰宅が遅くなり，疲労が抜けないまま翌朝起きてまた出勤——こんな生活をしている社会人は多いです。国際的に見ても，成人の平日の平均睡眠時間は，日本が他国と比べて短くなっています。残業による疲労の蓄積が常態化していれば，「少しでも早く帰宅できて，疲れがとれればありがたい」という発想になるでしょう。けれどもこの発想は，再創造（recreation）という営みの矮小化であると，筆者は考えます。

　recreationをカタカナ表記すると，「レクリエーション」です。「仕事や勉強ばかりだと疲れるから，夕方や夜にはレクリエーションの時間を取り入れよう」なんていいますね。その時間，当人は何に向けて／のために「再創造」されているのかというと，仕事や勉強に向けて／のためになのです。つまり，そのレクリエーションは，仕事や勉強に従属しています。それがいけないといっているのではなく，仕事や勉強とは独立した，その人自身のための再創造がイメージできない，あるいは再創造を欠いた生はよろしくない，といいたいのです。

　心理臨床家の霜山徳爾さんは，「不在者の浮上」という論考のなかで，このことをたいへん詩的な言葉で表現しています。

「昼のたつき［＝方便，生計：引用者注］」の世界がたそがれると，人々はそれぞれ群れをなして労働の世界から家路につく。……多くの人は眠りへと急ぐ。眠りはたとえ夢というまったく個人的な世界があろうともひとつの小さな死である。それは大いなる死の予行演習のようなものである。しかしこの繰返しでは生活はあまりに灰色である。時折，そこに何か祝祭的なものが必要である。そしてそのような時にすぐれた芸術体験をすること，たとえば偉

大な文学,音楽,美術のすぐれたものに接すると,その印象は何十年も残ってその人を支えることになる」(霜山 1989＝2012,p. 174)。

ここで「祝祭的なもの」とは,非日常的なものという意味です。つまり,やるべき仕事があって,ルーティンをこなし,成果を問われ……といった,普段慣れ親しんだ日常世界から離れたものです。そこでは,見知らぬものや自分を超えたものとの出会いがあります。霜山さんは,芸術とはそのようなものだと述べます。人間は「芸術において憩（いこ）いながら,実は人間においてもっとも意味深いものが何らかの形で学ばれている」と理解している霜山さんは,その「芸術の故郷は夜である。なぜなら,内面的なあこがれが生まれるのは夜に多いからである」と指摘します（同書 p. 174)。

「偉大な文学,音楽,美術のすぐれたものって,なんだかハードルが高いなあ,高級すぎて興味がもてないなあ」なんて思う人がいるかもしれません。いえいえ,そんなふうに構えることはないのです。「すごいな」と思える芸術のジャンルは,人によって違います。なにもクラシック音楽や美術館にある絵画だけが芸術ではありません。それぞれが,好きな歌手やバンドの音楽,イラストやマンガ,映画などで,「これだ」と思える芸術体験をすればよいと思います[15]。また,「祝祭的なもの」ということであれば,一人旅でもいいわけです。

話を戻しますと,夜あるいは暗い空間は私たち人間を内面的省察にいざなう性質があります。「夜に書いたラブレターは翌朝必ず読み返せ」という言葉があるのは,昼間の思考からは想像ができないくらい,夜は人間の内面を豊かにしてくれる時間だという証拠です。これに対して昼間の光のなかでは,日々の労働が行なわれ,「その成果が関心の対象であるから人間はいわば外部的な

ものに多く立ち向かい、おのれを見つめる勇気を持つことは少ない。それに対して、本当の自己をみつめるのは仕事から解放されておのれに帰る時である。それを芸術が扶けてくれる」(同書p. 173)。かくして、「内面的省察をへて、おのれの深化を味わい、たとえはかなくても、希望に接した人間にとっては、朝の光は再生と、おのれをとり戻すことの力である」(同書 p. 176)。つまり内的規準を豊かにすることができるのです。

夜・芸術・内省

内省（あるいは自己の再創造）を促し扶けるという点で、夜と芸術は親しき友なのです。したがって、夜に芸術に憩うことは、人間学的に見て理に適っている。だから、「少しでも早く帰宅できて、疲れがとれればありがたい」といった状態であるならば、それは「ひとつの小さな死」でしかないのです。**仕事とはまったく独立した何かを夜に享受するということは、自分がもっている、そして往々にして気づいていないポテンシャルを解放すること**に他なりません。

このように述べると、「自分はいまの仕事にとてもやりがいを

15 私事になりますが、筆者にとって、すぐれた絵画とは時間が止まる絵画であり、すぐれた音楽とは空間がゼロになる音楽です。数年前、ワシントンD.C.の国立美術館で、ある絵を見たとき、時間が止まりました。郊外に買ったであろう小綺麗なマイホームの庭に、若い夫婦が隣り合ってしゃがんでいるのですが、これが全然幸せそうに見えない、というか、心の奥に押し込んだ不幸が漏れ出ないように、相手に見えないように見えないようにして……でも鑑賞者には見えるのです。「おお、これはエドワード・ホッパーに違いない」。時間が止まった瞬間のことを言語化すれば、このようになります。ちなみに、同じくエドワード・ホッパーの有名な「夜更かしをする人たち」をシカゴ美術館で見たときは、あまりにも有名で前もって知っていたためか、いまひとつでした。

第4章　社会人はどんなふうに働いているの？

感じている。すごく重要な仕事であり，そこに全精力を注ぎたいと思うし，そうしないといい仕事はできない。これだけ忙しく充実しているのだから，帰って寝るだけになるのは当然で，それがなぜいけないのだろう？」といった疑問や反論が出てくるでしょう。そう思いたくなる気持ちもわかる気がします。

　筆者も，こうした仕事一辺倒の生活を否定しているのではありません。寝ても覚めてもこのプロジェクトのことばかり，そんな「本気を出す」生き方もときに必要です。けれども，ずっとこの調子では――仕事で結果を出すとか社会に役立つことをするといった外的規準だけで人生だけを送っていては――ある日ふと，「ほんとうの自己とは？」と問うてしまったとき，そこにあるのは真っ暗な深淵だけ，ということに気づくでしょう。

　つまり，「ワークライフバランス」を，「ワークのためにライフとのバランスをとること」に矮小化してもいけないし，だからといって，「仕事だけではなく私生活も充実させたい」あるいは「仕事よりも私生活のほうを充実させたい」というとき，その私生活の充実のなかに，「おのれを見つめる勇気をもつこと」が欠けていてもよろしくない。第*1*章で述べたように，キャリアデザイン学とは，自己の本来的使命は何か，そしてどんな社会で生き

てゆきたいかを問い続ける学問です。そのためには，自己を再創造するためのゆとりが不可欠でしょう。

　みなさんが社会人になったとき——いえ，大学生のいまでもそうですが——これらの問いを問い続ける勇気をもつこと，それを励ましてくれる夜という時間，そしてそれを扶けてくれる芸術とを享受されているとよいなあ，と思います。

第4章 社会人はどんなふうに働いているの？

●対話的練習問題④

Ⅰ 人生相談──結婚したくてもできない40代の息子をもつ親の悩み

この文章は，朝日新聞（2014年6月2日付朝刊）の，読者の投書欄「声」に掲載されたものです。これを読んで，下記の問いに答えなさい。

薄給で結婚できない子どもたち

無職●●●●（埼玉県 74）

44歳の息子と39歳の娘がいます。2人とも未婚です。結婚できない一番の原因は，長時間労働と低賃金にあるのではないかと思います。

2人とも給料の話などしませんが，偶然，2人の給料明細を見てびっくりしました。ともに民間会社の正社員ですが，基本給は10万円そこそこなのです。東京に住む息子が生活できているのは，残業代が出るのと寮に入っているからです。会社では中堅で，海外へ販売にも行きます。それなのに安い給料なのです。

息子はこれまでに2度，結婚相談所に行きました。月給を話すと，渋い顔をされたそうです。「俺は結婚を諦めた」と息子は言います。朝早くから夜遅くまで働いて，やっと自分の生活を支えているのが現状です。それなのに，数万円のボーナスが出ると，私たち夫婦に小遣いをくれるのです。

娘の生活は，兄以上に大変なようです。弁当を作って生活費を切り詰めています。仕事の責任は重く，長時間労働なのに残業代は出ません。お金と時間，心のゆとりがあって結婚に結びつくと思いますが，娘には全てが欠けています。

昔はお見合いの相手を探してくれる世話好きの人がいましたが，そんな社会は崩壊しています。妻は「2人のことを思うと眠れず，涙がこぼれることがある」と言いますが，子どもたちは老いてゆく私たちのことを心配しています。

私たち家族のような人が少なくないのが，この国の大きな問題だと思います。このままでいいのでしょうか。私たち夫婦は孫を抱けないのでしょうか。

問1：「基本給」とは何かを調べたうえで，なぜ，投書者の息子は，民間の中堅会社の正社員であるのに，こんなにも賃金が安いのか，その原因について，あなたの考察を述べなさい。

問2：あなたが投書者の娘の状況に置かれたらどうするか，述べなさい。

問3：この投書を読んで，感じ考えたことを述べなさい。

Ⅱ　もしも，給料が 2 割減・週 20 時間労働でも OK，となったら？

　あなたは現在，週 40 時間を所定として働いていると仮定してください。そこでもし勤務先から，「給料は 2 割下がるが，週 20 時間労働に変更してもよい」と言われたとしたら，あなたは変更しますか。変更する場合，いままで働いていた時間を何に使いますか。

第5章　どうしても働かなきゃダメ？
〇でも，同じことを訊かれたら……？

> ■扉クイズ⑤
> 　以下に掲げる人びとが身の周りにいるとします。このなかで，あなたが「この人は働かなくてもいい」と思える人を，その理由とともに挙げてください。

A．65歳以上の人
B．中学生以下の人
C．傷病者，障害者
D．ひとり親家庭の母親・父親
E．生活保護受給者
F．刑余者（刑期を終えた人）
G．専業主婦（主夫）
H．大金持ちの親をもつ，成人した息子・娘

1 「働かざる者,食うべからず」と言いたくなるとき

本章の目的と構成

　本章のタイトルにあるように,「どうしても働かなきゃダメ？」と問いたくなるのはどんなときでしょうか。1つには,有意義さを感じられない仕事を続ける以外の選択肢が,ほとんど非現実的であるとき,があるでしょう。つまり,自分が就いている仕事に意味を見いだせないのに,別の道がとれない（別の道もまた大差ない）とき,「どうしても働かなきゃダメ？」と。これは切実な問いだと思います。

　切実だけれども,実は発展性に乏しい問いでもあります。その理由は,**扉クイズ⑤**の回答をもとに考えていくと見えてきます。結論を先取りしていえば,「どうしても働かなきゃダメ？」から「どうしたらみんなが気持ちよく働けるだろう？」へと問いを転換すべきなのです（第1節）。なぜなら現代経済は,働かないと食べていけない人（世帯）が増えたのに,みんながディーセントに（人間らしく）働けるかどうかを気にかけない経済であり,したがって知恵を絞らなければならないからです（第2節）。知恵を絞るとすれば,強くない「プレーヤー」でも安心して暮らしていける社会はどんな社会だろうか,と考えるのが良いのではないでしょうか。それを議論したいと思います（第3節）。

稼働能力の有無×経済的必要性の有無

　さて,**扉クイズ⑤**にはどう答えられたでしょうか。これも意見がいろいろと分かれたと思います。予想するに,マジョリティの

回答は，①AとBとC→②GとH→③DとEとF，という3段階の順番で「働かなくてもいい」となったのではないでしょうか。つまり，第①カテゴリーが，高齢者あるいは義務教育年齢者，また傷病者や障害者。第②カテゴリーが，専業主婦（主夫）や大金持ちの親をもつ成人した息子・娘。第③カテゴリーが，ひとり親家庭の母親・父親や生活保護受給者，刑余者。この第③カテゴリーは，第①・第②カテゴリーとのあいだに大きなズレがあって，「働いていなくてもいい」とは最も思えない，という人が多いのではないでしょうか。

　ここで立ち止まって考えてみましょう。私たちが人に関して「働かなくてもいい」と考えるとき，2つの判断軸がありそうです。1つは，働ける能力（稼働能力）があるか否か。もう1つは，経済的必要性があるか否か。この2軸の組み合わせで，判断していると思います。それを示したのが**表5-1**です。

　2軸で作られた4つのセルのそれぞれには，A～Hのいずれであっても入りえます。たとえば，「H. 大金持ちの親をもつ成人した息子・娘」は，右下のセル＝「稼働能力も経済的必要性もない」であるかもしれません。けれども私たちは通常，大金持ちの世帯に属する人を「稼働能力はあるけれども経済的必要性はない」人として捉えます。またたとえば，「D. ひとり親家庭の母親・父親」は，左下のセル＝「稼働能力はないけれども経済的必要性はある」人であるかもしれません。しかし私たちは，「離死別によってひとり親となったのだろう，大変だろうが子どもを食べさせていくには働かないといけない」といったイメージの強さのあまり，もしかするとそのひとり親が，何らかの理由で稼働能力が妨げられている可能性については思考が及ばないことが多いのです。このように私たちは，A～Hのようなケースをはじめ，世の中の人びとに対して，ある思い込み（固定観念）をもってい

表 5-1 「働かなくてもいい」と思える人についての判断と基準

		経済的必要性	
		ある	ない
稼働能力	ある	③ D. ひとり親家庭の母親・父親 E. 生活保護受給者 F. 刑余者	② G. 専業主婦（主夫） H. 大金持ちの親をもつ成人した息子・娘
	ない	① A. 65歳以上の人 B. 中学生以下の人 C. 傷病者，障害者	

ます。

働くことの道徳化：その根底にあるもの

　この点を踏まえたうえで，思い込みの中味に踏み込んでいきましょう。**表5-1**を眺めていてまず気がつくのは，私たちは，第①カテゴリー＝「稼働能力はないけれども経済的必要性はある」人に対して最も同情的だということです。なぜなら，年齢や傷病・障害といった，自分のせいではない要因によって働くことができないなら，そりゃあ，働かなくてもいいよ，と思うからです。老いていくことや思いがけず事故や病気に見舞われることなどは，自分にも起こる（かもしれない），と想像できるからです。

　第②カテゴリーと第③カテゴリーとを比べるとどうでしょう。後者に対するほうが，より「働かざる者，食うべからず」と言いたくなる人が多いのではないでしょうか。働いていない25歳の生活保護受給者と，働いていない大金持ちの25歳の息子がいたとすると，「どっちもどっちだけど，金持ちはまあ……いいんじ

第5章 どうしても働かなきゃダメ？

ゃないの？」と。このように判断するのは，金持ちの息子は経済的に自分の親（個人のお金）に依存しているのに対し，生活保護受給者は福祉（みんなのお金）に依存しているため，「人様に迷惑かけるのか」「私が払っている高い税金の無駄遣いだ」といった憤慨が湧いてくるからでしょう。

こうした思考と感情の回路を見ていると，私たちは，**働くこと**（労働）**を道徳化しながら，それを基準に自己と他者とを判断している**ことがわかります。つまり，働くことの「べき論」を頭に浮かべて，アイツはどうだ，自分はこうだ，と判断しているのです。稼働能力と経済的必要性があるのに働かない人については，道徳的に非難されて当然の人，と見なしがちです。

その見なしには，2つの感情が宿っています。1つは，「『福祉のお世話』になる人がいるせいで，そのぶん自分の生活にプラスになるよう税金が使われず許せない」といった感情，もう1つは，「私だって，嫌なことも我慢して働いているのに，いけしゃあしゃあと朝からパチンコに行くのは許せない」といった感情です。このように，「働かざる者，食うべからず」という慣用句に代表される，働くこと（労働）の道徳化には，**もっていて当然の利己心**（人よりも自分を優先したい）と，**充たされていない承認欲求**（自分を認めてほしい）とが往々にして忍び込んでいます[16]。

いましがた，人間は利己心をもっていて当然である，と述べました。しかし，だからといって利己心をむき出しにしても，事態は好転しないのです。なぜなら，「人様に迷惑かけるのか」「私が払っている高い税金の無駄遣いだ」といくら声高に叫んでも，稼

16 さらにいえば，こうした思考と感情の回路は，「自分はそんなふうにはならない」という想像ないし思い込みを，暗黙の前提としています。

働能力があるのに働いていない生活保護受給者の状態が，どうすれば改善されるかというその知恵出し・創意工夫には，寄与しないからです。

「こんなに頑張って働いているのに，周囲はいまいち／まったく認めてくれていない」，こんなふうに感じながら働いている人は多いと思います。これは，承認を欲する人間らしい気持ちです。人間は，「自分のほうがアイツより頑張ったのに評価が同じなのは納得いかない」といったように，他者と比較しての労働の質量と評価に対して敏感です。

面白いことに，**人間は自分の努力や貢献を多めに評価する傾向があります**。『働かない』（青土社，2006, p.479）を著したトム・ルッツが述べるように，「コミューン暮らしの日々に戻ってみても……私たちは初歩的な数式を見つけ出すことになった。つまり，料理や薪割りといった諸々の雑用を，2人の人間が50パーセントずつ分担しているとすれば，往々にして両者とも自分が全体の仕事の3分の2をやったと考える」。

つまり，自分の努力と貢献とを過大評価しているのだから，さほど認められなくても当然なのに，過大評価している分，承認欲求の満たされていない部分も膨れ上がっている。その分，「タダ

17　コミューン（commune）はフランス語で，フランスの行政の最小単位，自治都市，自治政府などを意味しますが，ここでは，資本主義的生産・生活様式に対するアンチテーゼ（反対意見）を原理とした，自給自足の共同体のことです。
18　心理学では「平均以上効果」と呼び，主観と客観の評価のギャップは約20％といわれています。また，医学博士・臨床心理士の磯部潮さんは，自分自身の臨床経験をふまえて，一般の人たちは3割増ぐらいの誤った自己評価をしており，それによって鬱にならずに済んでいるのではないか，との見解を述べています（磯部2003, p.30）。

飯食ってのうのうとしている」人への憤慨や憎悪も募ってしまいます。

　以上のように，労働の道徳化をもとにした言葉には，どろどろした利己心と充たされない承認欲求とが潜んでいることが多く，正論といえば正論なのですが，なんだか「上から目線」なのです。つまり，「いけないのはお前だ」という，人を追及するような他責的メッセージは，「お前と違って私は正しい」と暗に伝えているので，言われた本人を萎えさせたり，反発させたりします。それゆえ，明らかに効果的ではないのです。

　どうしても働かなきゃダメ？：発展性に乏しい問い

　ここまで考えたうえで，「どうしても働かなきゃダメ？」という問いについて考えてみましょう。先にも，この問いは発展性に乏しいと述べました。たしかに私たちには，「どうしても働かなきゃダメ？」と言いたくなるときがあります。では逆に，そう訊かれたら，何と答えるでしょうか。

　「うーん，働かなくて大丈夫なら，働かなくてもいいけどさ，でも，働かなかったら生活していけないでしょ？　で，生活保護をもらうようになったりするのって，嫌じゃない？」と問い返すことに，たいていの場合はなるのではないでしょうか。

　つまりこの問いは，オチが「労働の道徳化」になりがちなのです。けれども，繰り返せば，より善い社会に向けた創意工夫に，労働の道徳化は寄与しません。したがって私たちは「働きたくないなあ」と思ったときは，「どうしても働かなきゃダメ？」ではなくて，「どうしたらみんなが気持ちよく働けるだろうか？」と問うて，それを知的にクールに解いていくべきだと，筆者は考えます。思うに，**「働きたくないなあ」という人のほとんどは，働くことそのものが嫌なのではなくて，気持ちよく働けない現状の**

働き方・働かせ方と,労働が道徳化された言説が嫌(なだけ)なのです。

　この「気持ちよく」というところは丁寧に考えなくてはならないのですが,紙幅の都合上,要約的に述べておきます。気持ちよく働けるには,労働条件が適正なこと,仕事の分担が公平なこと,互いに敬意を払って成長を促しあえること,やりがいが感じられること,といった要素が必要です。そのためにはどうしたらよいか。「知的にクールに解いていく」というのは,職場の誰それが嫌いだなんだといった感情は脇に置いて,知恵を絞ろう,ということです。

　「どうしたらみんなが気持ちよく働けるだろうか?」というときの「みんな」とは,職場のメンバーのみならず,家族のメンバーや地域の人びとであったり,さらには,社会全体の人びとであったりと,そのレベルはさまざまです。いずれにしても,「私」という主語に優るとも劣らず,「みんな」という主語が大切なのです。なぜなら**現代日本の経済は,働かないと食べていけない人**(世帯)**が増えたのに,みんながディーセント**[19]**に働けるか否かを気にかけない経済である**からです。

19 「ディーセント・ワーク (decent work)」という言葉を聞いたことがある人もいるでしょう。ディーセント・ワークとはILO (International Labour Organization 国際労働機関) が提唱している,人間らしい生活を営める人間らしい働き方・働かされ方のことです。

2 みんながディーセントに働けるかを気にかけない経済

ディーセント・ワークは必要十分に存在しているか？

　これはどういうことでしょうか。それを考えていくのが本節の目的です。そのために，ちょっと視点を変えて，次のような質問をしたいと思います。みなさんは，仕事に就いたことがない，あるいは，非正規の職を転々とするのをやめて正社員になりたい，またあるいは，就職が決まらずに学校や大学を卒業した，といった若者には，何が必要だと思いますか。

　「あいさつやマナーなどを身につけさせる」「Word や Excel など，ほとんど必須となったスキルをマスターさせる」「介護など，ニーズの高い職業の訓練をする」「仕事を中心としたカウンセリングを受けさせる」「ハローワークなどに連れて行って仕事を探させる」——こんなアイデアが出されるのではないかと思います。

　これらは，職業訓練，職業相談，職業斡旋の 3 つに分類できますが，すべてに共通しているのは，労働供給側をしっかりさせれば就職できるという考え方に基づいた，労働供給側へのテコ入れです。いずれも必要で重要なことだと思います。ただし，それと同時に行なうべきなのは，労働需要側に目を向けて，「ディーセント・ワークは必要十分に存在しているのか？」と問うことです。

　第 *4* 章の，**図 4-1** に戻ってみてください (p.78)。これらは，35 歳未満の雇用者にしめる非正規従業員の割合の変化を示したグラフでした。1992 年と 2012 年とを比較すると，男性は 10.5%→25.3%，女性は 24.9%→47.0% となっています。つまり，非正規従業員の割合は，男性では 10 人に 1 人だったのが 4 人に 1 人，

第Ⅱ部 社会のなかを手探りで進む

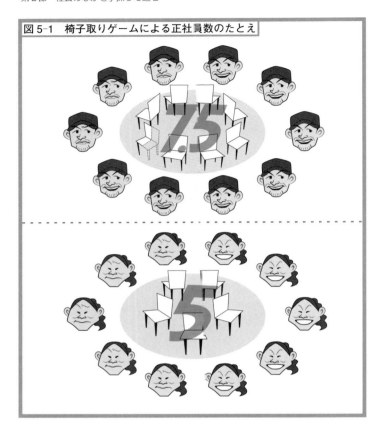

図5-1 椅子取りゲームによる正社員数のたとえ

女性では4人に1人だったのが2人に1人になったのです。もちろん，非正規労働だからといって，人間らしい生活を営めない働き方・働かせ方だとは必ずしもいえませんが，正社員と比べれば（いえ，正社員であってもですが）より不安定であることは一般論としていえるでしょう。

　論点をわかりやすくするために比喩を用います（**図5-1**）。10人のプレーヤーがいる椅子取りゲームを想像してみてください。

男性では,1992年の椅子は9脚だったのが,2012年には7.5脚に減り,同様にして女性では,7.5脚が5脚に減ったことになります。だとすれば,プレーヤーをどんなに鍛えても問題は解決しません。10人全員がイチローでも,2.5人のイチローは座れません。10人全員が澤穂希でも,5人の澤は座れないのです。

雇用管理思想の変化

「でも,景気が良くなったら,椅子の数は増えるんじゃないの?」——たしかに,その面はあります。ただし,景気は循環するものなので,多くの雇用者が,「景気が良くなって人手が足りないからといって正社員を雇ってしまうと,不景気になったときに,賃金や社会保障費の支払いの負担が増えてしまう。ならば,解雇しやすい非正社員を雇っておこう」と考えても不思議ではありません。それは経済的に合理的な発想です。

どんな人手がどれくらい必要か不要か,それに対応することを労働需給調整といいます。かつてより企業は,臨時雇いや季節工なども含む非正規従業員を,雇用の調整弁としてきました。これは現在でも変わっていませんが,1990年代に大きな質的変化がありました。非正規従業員を正規従業員の代わりに雇用することに,正当性が広く認められるようになったのです。

かつて,雇用問題・労働問題に対処する経営者たちの組織として,日本経営者団体連盟(日経連)という組織がありました。いまは合併して日本経済団体連合会(日本経団連)となりました。第*1*章で見たように,日経連は1995年に『新時代の「日本的経営」——挑戦すべき方向とその具体策』を刊行します。「日本的経営」には,終身(長期)雇用,年功賃金制,企業別労働組合,という3つの特徴があると指摘されてきましたが,最初の2つを大きく変え,多様な組み合わせを実現する「雇用のポートフォリ

第Ⅱ部 社会のなかを手探りで進む

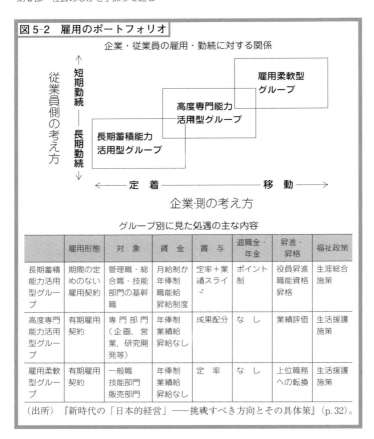

図5-2 雇用のポートフォリオ

企業・従業員の雇用・勤続に対する関係

（縦軸：従業員側の考え方　短期勤続↑　長期勤続↓）
（横軸：企業側の考え方　定着←　→移動）

- 長期蓄積能力活用型グループ
- 高度専門能力活用型グループ
- 雇用柔軟型グループ

グループ別に見た処遇の主な内容

	雇用形態	対象	賃金	賞与	退職金・年金	昇進・昇格	福祉政策
長期蓄積能力活用型グループ	期間の定めのない雇用契約	管理職・総合職・技能部門の基幹職	月給制か年俸制 職能給 昇給制度	定率＋業績スライド	ポイント制	役員昇進 職能資格昇格	生涯総合施策
高度専門能力活用型グループ	有期雇用契約	専門部門（企画，営業，研究開発等）	年俸制 業績給 昇給なし	成果配分	なし	業績評価	生活援護施策
雇用柔軟型グループ	有期雇用契約	一般職 技能部門 販売部門	年俸制 業績給 昇給なし	定率	なし	上位職務への転換	生活援護施策

（出所）『新時代の「日本的経営」——挑戦すべき方向とその具体策』(p.32)。

オ」が，「新時代」には必要だ，と主張されました。図5-2に示すように，長期勤続が想定されるコアの正社員を絞り込み，労働需要に対応し，人件費の総額を抑える，というものです。

一般に，従来の日本企業には，雇用した（男性）社員をできるだけ長く勤務させることが，その忠誠心を維持しパフォーマンスを発揮させる合理的な働かせ方だからそうすべきだ，という規範

第5章　どうしても働かなきゃダメ？

がありました。ところが，『新時代の「日本的経営」』——日経連という経済界の総本山的存在が刊行したのです——は，必ずしもこの規範にとらわれることはないと，いわば「お墨付き」を与えました。これによって非正規雇用化は急速に進行します。いまいちど，**図 4-1**（p.78）を見てください。グラフの傾きが，男女ともに，1997 年から 2002 年にかけての期間が最も急激になっています。男性は 13.0％ から 19.5％ へと 6.5 ポイント，女性は 32.1％ から 44.3％ へと 12.2 ポイント増加しています。

　みなさんは，銀行の預金窓口に行ったことがありますか。顧客が座る椅子が置いてある低いカウンター（ロー・カウンター）と，立って用事を頼む高いカウンター（ハイ・カウンター）とがあります。1990 年代終盤以降，ハイ・カウンターは正社員（一般職）から派遣社員や契約社員への代替が進みました。定期預金や投資信託をどうしようといった，ロー・カウンターでなされる相談業務に比べると，ハイ・カウンターは入出金や振り込み，税金還付など相対的にやさしい業務であるからです。

　以上のように，非正規化の進行に，『新時代の「日本的経営」』は少なからぬインパクトをもたらしました[20]。ここでひとつ疑問が浮かびませんか。つまり，「雇用のポートフォリオは，企業にとってそんなに合理的なんだろうか？」という疑問です。つまり，

20　筆者は 2006 年に，その中心的執筆者であった，小柳正二郎さん（執筆当時，日経連賃金部長）への聴き取りで，刊行前後の話を伺ったことがあります。1996 年に実施した会員企業フォローアップ調査で，3〜5 年後のポートフォリオについて質問すると，長期蓄積型が 7 割，高度専門能力型が 1 割，雇用柔軟型が 2 割，という回答だったので，「この程度なら許容範囲なのかなという思いがあり」，「正直のところ当時はこんな非正規社員が多くなるとは思っていませんでした」（「日本の教育システム研究」グループ「人材形成の失敗」サブグループ 2007, p.145）。

失業や非正規雇用など不安定な状態であれば，家計は支出を切り詰めるので，モノやサービスが購入されず，企業の売り上げは伸びないのではないか，と。

しかし，この発想はドメスティックです。企業が売上を伸ばすには，日本国内でなくても可能です。日本でモノやサービスが期待するほど売れないなら，海外で売ればよいわけです。物質的に生活が豊かになることを多くの人びとが欲している国は，人口成長率もまだまだ高い途上国であり，「魅力的な」マーケットとなっています。

3 強くないプレーヤーも安心して暮らしていける社会

リスクを取れないのはダメ人間か？

ここまで述べてきたように，現代日本の経済は，総体として，みんながディーセントに働けるか否かを気にかけない経済なのです。グローバルな経済競争のなかで，気にかける余裕がなくなった，といったほうがより正確かもしれません。賃金，各種手当・補助，社会保険，教育訓練の機会，昇進の（仕事が広がる）機会などを広く社員に供給していたのに，対象者をより限定するようになりました。

対象外の人は，キャリア形成に関して個人で負うリスクがより大きい。そんな経済であるといえます。そのため，次のようなことがしばしば指摘されます。「何から何まで企業が従業員の面倒を見ていた時代は終わった。これからは，自分のキャリアには自分で責任をもち，ときにはリスクも引き受ける覚悟がなければならない」。みなさんはこの意見に賛成ですか，反対ですか。

第 5 章　どうしても働かなきゃダメ？

M 男と U 輔と S 美が議論しています。

M 男「そうだ，そのとおりだと思うよ。自分のキャリアは自分でつくるものだし，リスクを恐れていては人間，成長できないもんね」
U 輔「言ってることはわかるけれど，オレには，そんな能力も勇気もないから，不安だな〜」
S 美「二人とも，言うことがオトコの視点ね。女性一人ひとりがどんなに頑張っても，まだまだ女性は構造的に不利なんだから。この本の図 4-1 の男性と女性の境遇を比べてみなさいよ」
M 男「S 美，おまえ，そんだけしっかりしていたら，充分サバイバルできるよ」
S 美「女性は男性の 2 倍も 3 倍も努力しなきゃいけないのっておかしくない？　まあでも，結局は頑張るしかないから頑張るけど」
U 輔「オレ，S 美に養ってもらおっかなぁ〜。けっこう家事とか得意だしさ。育休も 10 年，取っちゃったりなんかして。あ，そんなに取れるわけないか。それじゃあ，永久就職だよな」
S 美「ずぇった〜いお断りだから。能力ないとか言ってないで，いまから資格取るとか努力すればいいじゃん」

三者三様の意見ですね。ただし，全員に共通点があります。そ

れは，リスクを引き受けるのは自分独りであるという発想です（U輔の場合は，それができないなら他者に完全に依存するという裏返しのかたちで，ですが）。学生のみなさんのなかには，こうした捉え方をしている人が少なくないように思います。つまり，世の中でしばしば言われる「社会は変わったのだ。自分のキャリアにおいてリスクを取る覚悟がないようでは，これからは通用しない」といったメッセージを，弱肉強食の世界で常に油断を怠らず，自分の能力を必死で磨いて生きていく，それができないとダメ出しされるんだ，そんなイメージとして受け取っています。筆者は，これが気がかりです。その理由は2つあります。

　第1に，キャリア形成に関して個人で負うリスクが大きくなった社会だからといって，すべて自分独りで負わなければならないという道理はなく，自分のキャリアに自分で責任をもつというのは，決して他者に頼らないことではないのに，彼らはそう思い込んでいるからです。「能力不足の自分がいけない。弱い自分が悪いのだ」と，「他者が説く自己責任」──これも「道徳化された労働」の1バリエーションです──を内面化してしまっているからです[21]。

　第2に，筆者自身は，「強い個人」でなければ，あるいは比喩的にいえば，イチローや澤穂希のようなスーパープレーヤーでなければ，ディーセント・ワーク，ディーセント・ライフが享受できない社会は，善い社会だろうか，と疑問に思うからです。公平

21　多くの人びとが道徳というと「教え」，つまり他者に説く内容やその行為を思い浮かべますが，本来，道徳とはそういうものではありません。道徳とは，「私は何をすべきか／すべきでないか」と自問しつつ，自分の行為に責任をとって生きていくことなのであって，他者に説くものではありません。したがって，「自己」責任を「他者」が説くというのはそもそも矛盾しているのです。

なルールが存在し,競争したい人がそれに則って競争し,かつ,どのようなプレーヤーでも安心して暮らしていける社会こそ善い社会ではないか,と思うからです。これは,「どんな社会で生きてゆきたいかを問い続ける」というキャリアデザイン学を,筆者なりに実践している結果,抱いている問いかけです。

キャリア形成に関するリスクを自分独りで負わなければならない,と強く思い込んでいる学生が少なくないのは,**独りでできることが多ければ多いほど,それだけその人は自立している,という誤った自立観**のせいだと思います。けれども自立とは,そういうことではありません。**自立とは,あなたが独りでできる部分と他者の扶けが必要な部分とを見極め,それと同時に,他者が独りでできる部分とあなたの扶けが必要な部分とを見極める知恵があること**なのです。

キャリア形成で扶け合える他者

では,こんなふうに,あなたを扶けてくれると同時にあなたに扶けられる他者とは,一体誰のことでしょうか。話をもう少し具体的なところに戻して考えてみましょう。繰り返せば,現代日本の経済は,総体として,みんながディーセントに働けなくても,また生活できなくても気にかけない経済です。具体的には,賃金,各種手当・補助,社会保険,教育訓練の機会,昇進の(仕事が広がる)機会などを広く社員に供給していたのに,対象者をより限定するようになりました。

ディーセント・ワーク,ディーセント・ライフを享受するのに必要な上記の諸要素を,(充分に)供給されなくなった人びとは,手をこまねいて見ているしかないのでしょうか。そんなことはありません。たしかに,独りでなんとかしようと思ったらあまりにも無力ですが,人間には,組織化(organizing)の力があります。

第Ⅱ部　社会のなかを手探りで進む

> **サプリメント・コラム⑤：*所要時間を記録する――自分の実力を知る***
>
> 　Qさん「教育社会学Ⅰのレポート，えらく難しくて，6日かかったよ」，Pさん「あたしなんか，気合い入れまくって，昨日1日でなんとかなったわ」。ふーむ，そうですか，間に合って出せてよかったですね。それはともかく，レポート課題をやるのに要した時間を記録することをお勧めします。課題テキストを読みこなすのに何時間かかったか。2000字程度の文章を書くのに，何時間要したか。
>
> 　こんなことを記録しておくと，また別のレポート課題をやったときに，自分の実力がわかります。「教育社会学Ⅰの課題テキストは，Ⅰのときと難易度はだいたい同じだな。ということは読むのに5時間くらい，かかるかな。字数も3000字で同じか。前と同じく，リライト入れて3時間かな」。
>
> 　もし，この予想よりも早く読み終わったら，読む力は，ちょっと上がったと思っていいでしょう。もし，書くのにこの予想を大幅にオーバーしていたら，前回はたまたま調子よく書けただけか，課題そのものが難しくなって，そのレベルには達していないと考えればよいでしょう。
>
> 　もちろん，所要時間イコール実力，ということではありません。しかし，所要時間は，実力（がどれくらい上がったか）の目安になります。このように，自分の実力を測れるようになると，現実的な計画を立てるのもうまくなります。「この1週間で，エントリーシートを3社分，書かなくちゃいけない。どれくらい時間がかかるかなあ」，あるいは，「この1週間で，何社分のエントリーシートが書けるかなあ」。こんな状況で，現実的な計画を立てることができ，実際にその計画どおりになると，「自分で自分の運命をコントロールできているぞ」と，たいへん気分がよくなり，ますます調子が上がります。

平たくいえば，みんなで集まって創意工夫を凝らし，物事を達成する仕組みをつくって対応していく力があるのです。

　たとえば，勤め先の会社が支給する賃金が非常に低く，各種手当・補助や社会保険も不充分である，という場合には，労働組合という組織があれば，会社と交渉することができます。また，たとえば教育訓練の機会ということであれば，国や自治体が無料ないし低価格で，それを提供しています。さらにまた，仕事が広がる機会については，コミュニティ・ビジネスの発展を自治体が後押しする（つまりは，新しい「椅子」を創り出す）ことなどをしてい

ます。

これらの話は、第7章「社会には扶けてくれる人がいる」でくわしく説明します。ここで強調しておきたいのは、**あなたを扶けてくれる他者というのは、知っている身近な人ばかりではない、ある組織を代表した他者がいる**、ということです。もしあなたが、コミュニティ・ビジネスを始めようと思い立ったとすると、自治体が無料でセミナーを開催していたり、開業資金を補助してくれたり、法律問題をクリアするための助言者を紹介してくれたり、といったことがあります。

扶けとは、ヒト・モノ・カネ・情報が提供されることだけではありません。「誰それが始めたコミュニティ・ビジネスは〇〇市が承認している」という信頼性・正当性が付与されることも、大きな扶けです。実際に接するのは自治体の担当職員だったりその関係者だったりと、具体的な他者ですが、その他者とは、信頼性・正当性を付与できる組織を代表した他者です。そういう意味で心強い扶けとなるのです。

こんなとき、あなたのほうばかりが扶けられっぱなしだ、と恐縮する必要はまったくありません。自治体の担当職員やその関係者もまた、あなたに扶けられているのです。なぜなら、彼らはあなたを扶ける力を磨いているのであり、それは彼らのキャリア形成につながっているからです。

コミュニティ・ビジネスを発展させるにあたって、あなたが独りでできること、他者の扶けが必要なことは何か。自治体の担当職員やその関係者が独りでできること、あなたの扶けが必要なことは何か。**自立とは、扶けが要る部分と要らない部分とを見極め行動できることなのであり、それによって互いのキャリアを扶け合う関係が維持されるのです。**

「ゆるし」は伝播する：本章のまとめ

 以上のように，あなたのキャリアが扶けられるとき，実はあなたは相手のキャリアを扶けています。この真実に気づけば，「能力不足の自分がいけない。弱い自分が悪いのだ」と，自分のキャリアのリスクを独りで背負っていこうとせずに，能力不足の自分，弱い自分をありのままに，自他に対して認め，他者と交わっていけるのではないでしょうか。

 第3章第3節で述べたように，「ゆるし」，つまり「わたしもまた，自分でそうだと想像しているものとはちがったものである。このことを知る」こと（シモーヌ・ヴェイユ）は，他者に伝播します。あなたがあなた自身をゆるすのを見た人は，自分をもゆるさずにはいられなくなるものです。人間が変わるのは，「働かざる者，食うべからず」などと道徳的に非難されることによってではなく，「自分はありのままの自分を受容している」ということをお互いに受容していること，つまり「ゆるし合うこと」によってだからです。

 能力の不安や職場の不満を抱えて働き暮らしている人はたくさんいます。それが少しでも解決されたら，つまり，みんなが気持ちよく働ける状況が少しでも実現されたら，より善い社会になっていくと思いませんか。現代の経済は，みんながディーセントに働けなくても気にかけない「経済」ですが，だからこそ，みんながディーセントに働けているかどうかを気にかける「社会」が大切なのです。

 みんなが気持ちよく働ける状態を実現するには，それぞれの具体的な能力の不安，具体的な職場の不満などを共有し，知恵を出し合っていくことが必要です。その開始地点は，それぞれの具体的な不安や不満を声に出すことです。これには，けっこう勇気が

要ります。なぜなら、「不安を表明したら弱い人間だと見下されるかもしれない」「努力が足りない人ほど不満を言うんだと思われるかもしれない」といった、ありのままの（ショボい）自分を見られることを恐れるからです。だからこそ、「ゆるし」と、お互いの「ゆるし合い」とが不可欠なのです。

　「どうしたらみんなが気持ちよく働けるか？」を問い、それを知的にクールに解決していこうと尽力することは、とりもなおさず、強くないプレーヤーでも安心して暮らしていける社会をデザインすることであります。

第Ⅱ部　社会のなかを手探りで進む

●対話的練習問題⑤

Ⅰ　次に示すのは，2015年9月11日付の朝日新聞（朝刊，32面「生活」）の「職場のホ・ン・ネ」欄に掲載された，読者の投稿です。

> **仕事量「雲泥の差」**　県立高校の教員をしています。現場は授業や生徒指導，保護者対応，放課後の補習，二日の部活に追われ，昼休みがとれないこともしばしば。とりわけ入試の多様化で，論文や面接の指導が増え，教員全体で進路指導をしています。一方，こうした仕事がなく，勤務中にネットや趣味を楽しむ養護教員，図書館司書もいて，同じ職場でも仕事量は雲泥の差です。
> 　手が空いているのなら，できることだけでも仕事をシェアしてもらえれば，教員ももっと生徒と関われるのに，と感じます。
>
> （富山県　40代女性）

問い：あなたがこの投稿者にアドバイスするとしたら，何と言いますか。

Ⅱ　本章は，椅子取りゲームのたとえを用いて，プレーヤーの「10人全員がイチローでも，2.5人のイチローは座れません。10人全員が澤穂希でも，5人の澤は座れないのです」と説明しました（p.113）。これに対してGさんとHくんは，次のような意見を述べました。

Gさん：「イチローでダメなら，王貞治さんになる努力をして，競争に勝ち続けるのも，1つの選択肢かなと思います。個々人が努力をして，上を目指す社会になったら面白いなと思います」

Hくん：「言い方は悪いですが，できるヤツは最初から雇用されるけれど，できないヤツは雇用されないと思います。この振り分けが重要だと思います。また，国の政策は，できるヤツが作るべきだと思います」

問い：あなたはGさんとHくんに対して何と言いますか。

第6章　機械が取って代わるジョブ

○じゃあ，いま何を学べばいいの？

■扉クイズ⑥

以下に示した「機械が奪う職業・仕事」リストのうち，あなたが就こうかなあと考えているものはありますか？

機械が奪う職業・仕事ランキング（米国）

順位	職業名や仕事内容	代替市場規模（億円）	順位	職業名や仕事内容	代替市場規模（億円）
1	小売店販売員	144342	26	窓口対応係	33062
2	会計士	118023	27	コンピュータサポートデスク	32957
3	一般事務員	110343	28	食器洗い作業者など	31999
4	セールスマン	97503	29	警備員	31724
5	一般秘書	91379	30	郵便集配，取扱作業員	29515
6	飲食カウンター接客係	89725	31	保険・証券担当事務員	29201
7	商店レジ打ち係や切符販売員	88177	32	権利ビジネス代行者	27847
8	箱詰めや積み下ろしなどの作業員	81920	33	ローン審査担当者	27750
9	帳簿係などや金融取引記録保全員	73454	34	庭師，園芸作業者	27566
10	大型トラック・ローリー車の運転手	67297	35	不動産鑑定士	26348
11	コールセンター案内係	58508	36	通関士，荷送人	25746
12	乗用車・タクシー・バンの運転手	53402	37	大工，建具職人	25319
13	中央官庁職員など上級公務員	48052	38	不動産業者，資産管理人	24603
14	調理人（料理人の下で働く人）	46414	39	バスの運転手	24405
15	ビル管理人	44902	40	産業用機械の整備・組立工	24351
16	建物の簡単な管理補修係	42877	41	事務管理サービス業	24044
17	手作業による組立工	41937	42	品質検査係	23038
18	幹部・役員の秘書	41748	43	法務関連の事務または支援係	22860
19	機械工具の調整を行う機械工	41599	44	土工機械運転工	22365
20	在庫管理事務員	40682	45	財務・投資顧問	22363
21	広告・市場調査の専門職	40203	46	料理人	22144
22	自動車整備士・修理工	39644	47	リフト付きトラックの運転手	21735
23	建設作業者	39100	48	教師補助員	21705
24	保険販売代理人	35552	49	バイヤー	21040
25	在宅看護担当者	33387	50	会計・経理事務員	20946

（出所）『週刊ダイヤモンド』2015年8／22号，p.48をもとに一部簡略化した。

1 便利・快適・愉快でオッケー？

本章の目的と構成

扉クイズ⑥は、その対象はアメリカ社会ですが、科学技術はやすやすと国境を超える傾向があり、日本社会でも機械がジョブに取って代わる事態は、今後さらに急速に進行する可能性は高いでしょう。もちろん、これはあくまでも予測であり、人間（集団）がどんな反応をし、その結果として何が起こるかはわかりません。でも、「えええ～っ、自分が就こうかなあって考えている職業のほとんどが、機械とかコンピュータがやるようになっちゃうってこと？」と、けっこう衝撃的だったかもしれません。

扉クイズ⑥の元ネタは、2013 年に英国オクスフォード大学のオズボーンらが発表して大変話題となった「雇用の未来——世の中の職業はコンピュータ化の影響をどれくらい受けるか？」という論文です。この論文は、アメリカの 702 の職業別に、機械化される確率を示したものです。それを元に『週刊ダイヤモンド』は、アメリカの職業別就業人口と平均年収から労働市場を割り出し、同論文をもとに機械が代替する確率を掛け合わせ、機械による代替市場規模を算出しています。

文部科学省の『学校基本調査』によれば、2016 年 3 月大学卒の就職者は約 42 万人で、そのうち 28.7％ が事務職、24.5％ が販売職として就職しています。**扉クイズ⑥**では、事務職をとって見ると、一般事務員（3 位）、一般秘書（5 位）、帳簿係など（9 位）、幹部・役員秘書（18 位）……と上位に並んでいます。販売職では、1 位に小売店販売員が、4 位にセールスマンがランクされていま

す。

　こんなデータを見て,「とにかく,コンピュータとか,いろんなITサービスをもっと使いこなせるようにしておくことが肝心だ」と考えたのだとしたら,それは誠に表層的です。なぜならこれは,後述するように,消費者／ユーザー視点の発想であるため,対応すべき変化の本質が見えていないからです。まずなすべきことは,消費者／ユーザーとして「便利だ・快適だ・愉快だ」と感じているとき,生産者（モノやサービスの提供者）と消費者／ユーザーのあいだではいったい何が生じているのか,と問うことです（第1節）。次に問うべきことは,「便利だ・快適だ・愉快だ」と感じているとき,（自分という）人間の能力は,どこがどんなふうに退化しているか,です（第2節）。以上の問いをふまえて,第3節では,いま何を学ぶべきなのか？ について考察します。

販売員やセールスマンとのやりとり

　消費者／ユーザーとして「便利だ・快適だ・愉快だ」と感じているとき,生産者（モノやサービスの提供者）と消費者／ユーザーのあいだではいったい何が生じているのか。あなたが販売員やセールスマンとやりとりをする場面を具体例に考えてみましょう。

　あなたはある日,「健康のために,濃縮果汁還元ではない,手作り野菜ジュースを飲もう。ミキサーを買おう」と思い,家電量販店ユウヒカメラに行きました。すると,思ったよりミキサーは

22　文部科学省ウェブサイト『学校基本調査』平成28年3月卒（2016年9月26日閲覧）。学部別の内訳や専門的職業の内訳が示されたエクセルシートをダウンロードできるので,みなさんにも加工できます。
http://www.e-stat.go.jp/SG1/estat/List.do?bid=000001074624&cycode=0

第Ⅱ部　社会のなかを手探りで進む

種類が多いようです。高いモノから安いモノ，場所を取るものからコンパクトなモノ，多機能のモノから単純機能のモノまで，さまざまです。

「うーん，どれにしようかなあ……」と迷っていると，「どんなタイプをお探しですか？」と店員さんが声をかけてきました。「あのう，ワンルームで狭いんで，場所をとらないヤツがいいかなあ，って」

「なら，このＡかＢですね。Ｂはちょっとお高いですけど，取り外しが楽で，掃除しやすいんですよ。ちょっと目先を変えるとＣもいいかもしれませんね。ついでにこちらのＤは云々……」

あなたは，こんなふうな会話が展開したとき，どう思いますか。「おお，有り難い，親切な店員さんだ」と思うのか，「自分で考えて選びたいんだから，『ＡかＢですね』で止めてよっ」と思うのか。それはいろいろでしょうが，店員さんがあなたに対して行なっているのは，どんなミキサーがあなたのニーズに合っているのかという，あなたの判断の手伝いです。

判断の手伝いという仕事を遂行するために，店員さんは，販売

の経験をふまえて,「こういう感じの人は,AかBで迷うけど,Bを買うことのほうが多い」といった「顧客データ」を脳ミソにインプットしています。「こういう感じ」というのは,外見から推定される年代や性別や職業や趣味や性格によって,分類されたタイプです。腕のいい店員さんだと,商品や説明書をじっくり手にとって選んでいるお客さんには,あれこれ蘊蓄を並べないほうがいい,といった経験値があります。「自分で考えて選びたいオーラ」を鋭く察知しているからで,「ちょっと目先を変えるとCもいいかもしれませんね」なんて余計なことは言いません。

　さて,あなたは,ちょっとだけ高いBに決めて,レジに持っていきます。「いらっしゃいませ～当店のポイントカードをお持ちですか？」「あ,はい,こないだ作ったんで」「お会計は5400円です,100円お買い上げのごとに10ポイントですので,540ポイントつきます」「わあ,けっこうたくさん貯まりますね！」

　……と喜んでいるあいだにも,あなたの購入履歴は,家電量販店ユウヒカメラ社のデータベースにインプットされます。店員さんの脳ミソよりも,ずっと「正確」に。20歳女性,大学生,ひとり暮らし,もっている電気製品は何々,よく使うケータイのアプリは何々……。何曜日（平日か週末か祝日か）の何時頃にどんな人たちが来て何を買っていくか。ユウヒカメラ社のコンピュータはこうした購入履歴を大量に分析して,わが社はどういう経営戦略を取っていくべきかを考えるネタにします。

　「店頭販売よりもネット販売に力を入れよう」。こんな経営判断を下したとすれば,次は,ユウヒカメラ社のネット販売サイトをどれだけ充実させるかが勝負です。商品の画像が鮮明――上のミキサーの例でいえば,さまざまな角度から写したり,部品を取り外したときの写真が載っている,など――で,説明も短くてわかりやすい,購入者の評価やコメントも掲載されている,さらには,

「ミキサーを買った人は，こんな商品も買っています」と，あなたが興味をもちそうなモノについて情報提供してくれる……「こんなサイトがあるとたいへん便利・快適・愉快に感じてもらえて人気が出るんじゃないか」。そんな工夫が凝らされることでしょう。

　それにしても，なぜウェブでの買い物は，便利・快適・愉快なのでしょうか。理由はさしあたり3つほど浮かびます。第1に，わざわざ店に出かける必要がありません。家のパソコンや手元のスマホで済んでしまいます。第2に，店員さんの「当たり外れ」がありません。「なんだかノルマに追われて焦ってる感ありまくりで嫌だな」とか「こっちが訊いてることにうまく答えてくれない，商品知識が足りないじゃん」といったことがありません。第3に，「自分で決めた」感が高く，それに満足できる。

　もちろん，みんながみんなこんなふうに感じるわけではありません。けれども，こんなふうに感じる人が一定規模で存在すれば，ビジネスとしては，ネット販売は成立するのです。

減る雇用と増える雇用

　さて，すでに気づかれているでしょうが，ユウヒカメラ社がネット販売に力を入れるということは，そこに資源（ヒト・モノ・カネ）を投入するということです。ならば，どこかからそれらをひっぱってこなくてはなりません。かかる費用の分は，どこかで削るのが通常の手段でしょう。この場合なら，店頭販売を縮小して，販売員の雇用を減らすことが考えられます。では，代わりに増やさなくてはならないのは，どんな仕事に就く人でしょうか。

　自宅などの指定場所に商品を配送してくれる配送員（これは，自社で雇うのではなく，宅急便会社などに外注＝請負契約にするかもしれません。p.82の**図4-2**を参照）が，まずそうですね。しかし，配

送員に必要な自動車の運転技能よりも,市場価値がより高いと判断される諸技能があります。それは,どんな情報を取り込んだデータベースにすればよいかを考案する技能,その情報を取り込むにはどんなプログラムを作るべきかを設計する技能,大量に集積された購入データを分析して,さまざまなパターンや傾向を発見する技能,その発見から次に何をすべきかを判断する技能,などです。

　ここまでくると,「コンピュータ・ソフトやITサービスを使いこなせなくっちゃ,これからの時代,ビジネスパースンとして通用しない」といった意見が,ユーザー/消費者目線のそれでしかないから表層的だ,といった意味がよりよくわかるでしょう。需要のより高そうな仕事に就いてそれを続けていくという観点からすれば,必要なのは,コンピュータ・ソフトやITサービスを使う技能ではなく,それらを作り出す技能なのです。

　後者の技能は明らかに,優秀な販売職に必要な技能とは異なります。たとえば,どんな情報を取り込んだデータベースにすればよいかを考案するには,対象者に回答してもらうアンケート項目として何を入れるべきか,それはなぜか,どういう言い回しの質問がよいか,倫理的には何を訊いてはいけないか,といったことに関する能力,つまり,社会調査の技能が必要です。それだけではなく,大前提として,人びとの生活のディテールまで捉えきる観察力や,まだはっきりとは示されていないニーズを見抜く洞察力,観察したことや洞察したことを言語化して他者に伝える力もまた,必要です。

　もちろん,どんな情報を取り込んだデータベースにすればよいかを考案するためには,共同作業が不可欠なので,優秀な販売職がもっている,相手の気持ちや性格や好みなどをふまえながら対応する力は必要になります。けれども,それだけでは足りません。

「これからの時代はコミュニケーション能力が大切だ。いろいろな人と話せるようにしよう」——そんな表面的な話ではないのです。「さまざまなタイプの人と『調子を合わせて』やっていける，それが，コミュニケーション能力が高いってことだ」——そんな底の浅い話ではないのです。

情報技術がベースとなって生み出され，私たちの生活にもたらされる便利さ・快適さ・愉快さを，何の疑問ももたずに，あるいは疑問をもちつつ享受しているあいだにも，さまざまな職業が機械に取って代わられています。数理論理学，情報科学，数学教育を専門とする新井紀子さんが，『コンピュータが仕事を奪う』（日本経済新聞出版社，2010年）で指摘するように，「21世紀前半の世界は，間違いなく，データを蓄積した企業とそれをうまく利用した企業に有利な世界」（p.186），つまり，ITの最先端をゆく企業がマーケットを支配する世界でしょう。

このようなくだりを読んで，「どうやらビジネスの中心は今後さらにITになるから，理工系学部で勉強したほうがいい。文系学部なんて無駄だ，文系の科目なんて役に立たない」と思ったとしたら，それはただただ短絡的（simplistic）です。なぜなら，すでに述べたように，「データを蓄積」するには，何をデータとしてとればよいか（＝アンケートに載せる質問をどうするか）を考えなければならず，それには人びとの生活への観察眼や洞察力やその言語化能力が必要だからです。これらの技能や能力を養うことは，文系か理系か，あるいはコンピュータ・プログラムが書けるか否かといった区分とは直接的な関係はありません。

2 どんな能力・技能が退化しているか

退化するとまずいもの

この調子で書いていくと誤解されそうなので言いますが，筆者は，労働需要が伸びるのはどんな職業かについて述べて，それに備えるためにはこれこれを勉強するとよい，と主張したいのではありません。筆者は労働需要予測の専門家ではありませんし，たとえ専門家であったとしても，その予測は簡単ではないでしょう。

ここで筆者がみなさんと考えたいのは，情報技術がベースとなって生み出され，私たちの生活にもたらされる便利さ・快適さ・愉快さを享受することによって，人間のどのような能力・技能が退化しているのか，ということなのです。つまり，伸びるであろう職に就くにはどうしたら有利か，といったことではなくて，生きていくこと全体を視野に入れて（もちろん，そのなかに働くことが入ります），「これこれの能力・技能が衰えると，人間，まずいんじゃないの？」といったことを考えたいのです。

そこで，さきほどの家電量販店ユウヒカメラ社の例に戻ってみましょう。ネット販売が便利・快適・愉快であった理由は少なくとも，店まで出かけるコストが不要，対人関係コストが不要，自己選択による満足感がある，の3つが挙げられました。これらによって失われているのは，現場で現物を五感によって味わうチャンス，生身の人間と向き合うチャンス，パターンやタイプを外れた体験をするチャンス，です。順番に述べていきましょう。

まずは，現場で現物を五感によって味わうチャンスについてです。ユウヒカメラ社の店舗に行ってミキサーの売り場をうろうろ

探す。「ああ、ここだ」と何種類かの商品を眺め、手にとって形や大きさ、質感や機能を味わう。「なるほどね〜、取り外しやすくするために、ここはこんな形にしたんだ」といった発見もあります。ところが、パソコン画面でネット販売商品の写真画像を見ているだけだと、視覚は2次元によってしか刺激されません。大きさにしても、たとえば高さ34センチと書かれているのを見て、物差しを手にとって「これくらいかあ」と納得したり。また、触覚は機能しませんので「手ざわりは思ったより安っぽいな」などと質感は味わえませんし、「反応はどうかな」と手にとってあれこれいじくりまわせもしないので、観察力も使われません。さらには、「へええ、なるほどね！」と感心し驚く力も衰えます。

　パソコン画面のネット販売商品は、現場の現物よりも発する情報の質量がずっと少ないのですが、その少なさに慣れると「そういうもんだ」とそれがあたりまえになって、五感によってさまざまに商品を味わう力を錆びつかせてしまうのです。「たかがミキサーじゃん」と思う人もいるでしょう。しかし、ここで考えているのはミキサーの話だけではありません。現場に赴いてそこにある現実のものや出来事を味わう力が退化する現象全般について考えているのです。

　文化人類学者の上田紀行さんが、『人間らしさ――文明、宗教、科学から考える』（KADOKAWA、2015年）で鋭い指摘をしています。「最近若者が海外に行かなくなっている……その理由の一つに、テレビやネットでの情報で満足してしまって、そこに未知の驚きを見出せそうにないからというものがあ」る。「実際にその場に身を置くと圧倒的な刺激があり、予想もできなかった発見ができ」るのだが、「自分の部屋にいながらにして世界の隅々まで見られるようになったことで、そういった刺激を想像できなくなっているよう」だ、と（同書、p.26）。

「圧倒的な刺激」とまではいかなくても,「未知の驚き」を喚起する刺激は,日常生活のなかに,実はたくさんあります。たとえば,売り場の店員さんが,お客さんから話しかけられることと,レシーバーイヤホンから「売り場 D-4 の中年男性の対応,お願いします」という業務命令が聞こえてくることが同時に起こったときの目玉の動き方（動かなさ,その固定した視線）に特徴があるとか。身の回りでは,いろいろなことが起こっているのですが,実際に現場に出向かず,それを味わわずにいると,そのいろいろなことを感受し考える（気づく）力が衰えていきます。身近な言葉でいえば,悪い意味で鈍感になってしまうのです。

不愉快な物事への耐性と対応力の退化

続いて,生身の人間と向き合うチャンスが失われることについてです。筆者が最も深刻なのではないかと思うのは,不愉快な物事や自分の思いどおりにならない物事に我慢しそれに対応する力が退化してしまうことです。先のミキサーの例でいくと,売上ノルマに追われて「焦っている」感たっぷりで売り口上をまくしたてる店員というのはたしかに不愉快ですが,「わかりました。ありがとうございました。もうちょっと考えてみます」とでも言えばよいのです。でも,そんな一言すら言えない。

これに対してネット販売サイトには,不愉快な店員さんはいません。商品の画像写真を眺め,商品説明や「買った人の声」などを読めばいいので,過不足が少なく便利で快適です。けれども,そこでは生身の人間と向き合うチャンスが失われています。生身の人間から得られる情報はネットよりもその質量が豊富なのです。たとえば人間はそれぞれで感情をもっていますし,性格や価値観もさまざまです。しかも,人間社会は汚いので（第*2*章),不愉快なことや自分の思いどおりにならないことが起こることのほうが

あたりまえなのです。にもかかわらず、テクノロジーによってそれが起こりにくくなる場面に慣れてしまえば、そうしたことに対処する力を退化させられます。

　自分の思いどおりになることは、そうならないことよりも、快適で愉快です。これは一般に人間がもっている性向でしょう。ビジネスは、この性向に沿ったものを商品にするのです。たとえば、プロ野球のチームが対戦する電子ゲームがあります（スマホアプリなんかにもありますね）。ゲームをする２人が、それぞれ任意にチームを選び、先発メンバーや打順や守備位置を決めます。ピッチャーや守備の交替、代打、代走も適宜できます。それで１回表からプレイボール、です。各選手は、実在の選手のデータがプログラムされています。打者なら、外角低めの打率は何割、変化球の空振り率は何割……。投手なら、初球で直球を投げる確率や、カウント３-２でよく投げる球種……などなどがインプットされています。そのため、ゲームで遊んでいる２人からすれば、１球ごとに何が起こるかわからないというドキドキ感があります。

　「よし。ここで代打に大谷を出したのは当たった！」などと、（栗山）監督の気分を味わえるので　これは大変愉快です。しかし、現実の監督は、「くっそ～あそこで代えやがって！」といった、代打を送られた選手のネガティブな感情を、直接あるいは間接に受け止めなくてはなりません。あるいは、采配をミスしたときは、「こんな監督じゃ勝てないよな」といった周囲の視線や陰口や罵詈雑言に耐えなくてはなりません。けれども、快適な部分だけを抜き出したゲームなら、そんなことは起こりません。そこには生身の人間がいないので、ゲームプレイヤーは、自分の思いどおりにできるのです。

　もちろん、ゲームのなかでも選手が思いどおりに動かないこともあるわけですが、それは、采配を誤った＝データを読み違えた

という意味でそうなのであり、生身の人間同士のやりとりのなかでの「思いどおりにいかない」ではないのです。

　以上、話をわかりやすくするため、ネット販売と電子ゲームの例を挙げましたが、不愉快なことや自分の思いどおりにならないことが、テクノロジーによって起こりにくくなると、それらを我慢し対処する力を退化させるという理屈は理解していただけたのではないかと思います。

実存的存在からの退化

　最後に、パターンやタイプを外れた選択をするチャンスの喪失についてです。これがもたらすのは、あえて難しい言葉でいえば、実存的存在からの退化であり、筆者は「これはすごくまずいことだ」と考えています。

　実存的存在あるいは実存というのは、身近な言葉でいえば、「自分はこのために生きているんだ、自分の人生の意味はここにあるんだ……でも、言葉では全然言い表せない、でもとにかく、生きていることで自分は静かに充たされている」といった感じだと考えてください。以下、その退化について具体的に説明します。

　前出の、家電量販店ユウヒカメラ社のデータベースには、顧客情報が大量にインプットされています。20歳女性、大学生、ひとり暮らし、もっている電気製品は何々、よく使うアプリは何々……そんなふうに集積されたデータは分析され、マーケティング用語でいう「ペルソナ」が析出されます。

　ここでいうペルソナとは、ある典型的な消費者像ないしタイプ[23]です。たとえば「仕事をもつ『アラサー』[24]の独身女性は、週末の外食頻度が高く、フィットネスクラブに通い、週刊誌はこれこれを読み、年に数回は海外旅行に行きたいと思っている」といったものです。しかも、これが不思議と「だいたい当たっている」感

じがして「読んでいる週刊誌はちょっと違うけど、あとはそうだわね」と思えてしまうようにできている。だから、たとえばある人がFacebookを開くと「アラサーのあなたへ——魅惑のアドリア海で新しい自分を発見！ 4泊5日」といった広告が示されますし、どんなだろうと思ってクリックすると、なんだか彼女の希望や好みにとてもよく合った観光メニューです。「安いし行ってみようかな」。そして実際に（かなり）満足するでしょう、というのも、彼女のペルソナに沿って開発された快適な商品なのですから。

「望みの商品が見つかって満足して何が悪いの？」と思う人もいるかもしれません。でも、よく考えてみてください。ペルソナとは、一人ひとりの人間の、特定の側面だけを取り出して作り出したものにすぎません。上記の例でいえば、年齢、性別、職業の有無、食事、運動、読書、旅行という、わずか7つの側面です。わずか7つの側面から、一人の人間が眺められて、たとえば「こういう観光メニューに満足いただけると思いますよ」と商品を提供されています。

「新しい自分を発見！」などという文言を真に受けると、パターンやタイプを外れた体験をするチャンスは失われるでしょう。「仕事をもっているアラサーのあなた」は、アドリア海に行けばきっと魅了されるはずであり、それによって新しい自分を発見しちゃう予定になっています。でも、自分が何に出会い、何を体験

23　ペルソナという言葉は、マーケティング用語であるだけではありません。もともとはラテン語（つまり、古代ローマですね）のpersonaで、これはper sonare＝演劇でかぶるお面から派生し、そこから、役割、人格、個性などを意味するようになりました。哲学や心理学などで使われています。英語ではpersonです。

24　アラウンド・サーティ＝around thirty＝30歳前後の人のこと。

第6章　機械が取って代わるジョブ

しどう味わうかといったことは，他者が作ったペルソナを真に受けずに「白紙」にしておかないと，すべてが「想定内」「すっごくよかったわよ。でもまあ，だいたい思っていたとおりだった」といったことに落ち着いてしまいます。

　人間は，「想定外」のことが起こらないと，ほんとうの充実感は得られないのではないでしょうか。予想もしない出来事に出会い，思いもよらない発見や感情が湧き上がってきてはじめて，「おお，世の中にはこんなことがあるんだ，こんな人がいるんだ」とか「ああ，自分はこんなことを感じる人間なんだ」といった，自己と世界の理解が生まれます。それは，大げさな意味ではなく，存在の神秘（究極の不思議）なのであります。

　あなたが内側にもっているものは，年齢，性別，職業の有無，食事，運動，読書，旅行といった7項目によって汲みつくせるものではありません。パターンやタイプ分けによって判明するものでもありません。**「自分はどういう人間か。何を大事にしているのか。どんなことに感動したり嫌悪したりする感性をもっているのか」といった，きわめて大切な探求を，他人任せ（マーケット任せ）にしてはならない**と思います。

　こうしたことを他人任せ（マーケット任せ）にしていると，あなたが他人を見るときも，パターンやタイプ分けによって「この人はこういう人だ」とわかった気になって終わってしまう傾向を強めるでしょう。もちろん私たちは日常生活の多くの部分を，そう

25　存在の神秘とは，「人間，人様のお陰で生かされているんだよ。『自分は努力してきた，努力は報われた，だから，いまの自分がある』って自分を肯定しすぎるのは傲慢だよ」というメッセージです。努力はとても大切です。けれども，思いもよらない出来事に，思いもよらない発見や感情が湧き上がるのは，自分の努力の結果ではありません。人様との，それも不思議な縁の結果なのです。

やって過ごしているのです。「この人はこういう人だ」とお互いにわかったことにして人間関係を捌（さば）いているのです。

けれども，この傾向の度が過ぎると，他者（もちろん自己も）は汲みつくせない存在であること，他者（と自己）が意識的あるいは無意識的に外に出していないものをたくさんもった複雑な存在であることを忘れてしまいます。すると，他者（と自己）がもっている見えないものを見，聞こえないものを聞こうとするセンス（それこそ傾聴ですよね）は退化します。これでは，生きていることの充実感が味わえないと思います。

3 ではどう備えるか

●ともに経験し味わう力を養う

唯一無二の人生から疎外されないために

以上，述べてきたことは，便利さ・快適さ・愉快さをもたらすモノやサービスを享受すればするほど，自分自身にしかできない，自分自身の唯一無二の人生を生きることから疎外される，ということです。どこかの誰かにコントロールされ，「想定内」のコースを歩かされているような感じがどこか拭えない人生では，人生の主人公として楽しめているとはいえないのです。なぜなら，あなたの感性と知性とが，あなたの内側から磨かれないで，「こういうのが合うんじゃありませんか？」と外側から商品として用意されるからです（あ，これは第*3*章でテーマとした，段取りママ問題と構造が似ていますね）。

現場に赴いてそこにある現実のものや出来事を味わう力が退化すること。不愉快な物事や自分の思いどおりにならない物事を我慢しそれに対応する力が退化すること。実存的存在から退化する

こと——こういうことではまずいと思います。このような，人生の根本的問題をそのままにしておいて，「これからニーズの伸びそうな職業は何であり，どうしたらそれに就けるだろうか？」といったことに躍起になっても，あまり意味がないでしょう。予想は外れるかもしれませんし，当たったとしても，それが長期的に続く保障はないのです。それよりも，自分自身にしかできない，自分自身の唯一無二の人生を生きるための術をしっかりさせることのほうが，よっぽど大切だと思います。

これから，自分自身の唯一無二の人生を生きていくために，いまどんなふうに学べばよいかを，3点述べたいと思います。

現実空間に身を浸す：バーチャル空間はほどほどに

現場に身を置き，感性と知性を研ぎ澄ませて，現物，人，出来事を体験すること。これはなにも，特別なイベントに参加するとか海外旅行に行くといったことではありません。**日々の現実生活を，一瞬一瞬を丁寧に生きる**ということです。自分はなぜこの人の行為に感動したのか。なぜ，こうした出来事は不愉快なのか。それらを言葉にし，誰かに伝えてみること。このようにして感性と知性を磨けば，自分の本来的使命は何か，自分はどんな社会で生きてゆきたいかが，見えてくるでしょう。

関連することをついでに述べておきます。世間では，体験型学習や現場体験が，つとに称揚されています。しかし，「なんとなく参加した，まあ楽しかった」なら，参加してもしなくても同じです。そんな薄ぼんやりした体験は，単なる時間の無駄です（それよりなにより，体験先の方々に対して誠に失礼です）。がっつり予習（下調べ）しておくことではじめて，現場において感性と知性が刺激されるのです。退化したままの感性と知性には，何を掛けてもゼロのままです。

> **サプリメント・コラム⑥：「スマホ断ち」する日をつくる──感性と知性を磨く**
>
> 作家の村上春樹さんは，世の中はコネクショニズム（connectionism）の時代だ，でもそれに対抗して，ディスコネクショニズム（dysconnectionism）でいくべきだ，と言われています。コネクショニズムとは，「繋がっているのはいいことだ」という価値観。ディスコネクショニズムとは，「それもいいけれど，ときどき繋がっている状態を断ち切って，孤独になる時間と空間が大切だ」という価値観です。
>
> コネクショニストは，誰かからの連絡や情報がひっきりなしに流入し，それに反応する（自分を流出させる）という状態を心地よく感じます。「レスしないとハブられる」といったプレッシャーが募ることも多いのですが，止められない。でも，これはストップしたほうがいいですよ。なぜなら，コネクショニストが失っているものは，自分を磨くチャンスだからです。
>
> あなたの脳ミソと身体を，連絡や情報が激しく流入・流出していては，自分を磨くことはできません。流れを堰き止めて，「自分の本当の強みと言えるものは何だろう？ 最近，いい加減にしていることは？ あのことは，途中まで考えて止めちゃったなあ」と，ゆったり考えることが大切です。
>
> 流れを堰き止めると，感性も研ぎ澄まされてきます。人の仕草や表情，町の気配，緑や風のにおいなどがぐっと迫ってきます。本章は，物事や経験を深く味わうことが重要だと述べましたが，そのためには，連絡や情報の激しい出入りを止めることもまた，不可欠なのです。
>
> 練習や試合の真っ最中に，スマホをいじる一流のスポーツ選手がいますか？ いませんよね。一流選手は，物事や経験を深く味わうことに長けているのです。「今日は，夕飯から11時まではスマホは見ない」とか，「今日は一日，スマホの電源をOffにする」といったことにチャレンジしてみましょう。

他者の判断の根拠を問うクセをつける

筆者のゼミで起こったことを例に挙げます。ある年の冬，京都で学生シンポジウムがあり，学部から公的助成を受けて1泊2日のゼミ合宿を行ないました。土曜日の午後にシンポジウム，夕方にレセプションだったので，筆者は日曜日の朝9時からミーティング，そのあとは京都観光をして，夕方東京に向けて発つ，とい

うスケジュールを組みました。夜はホテルのある一室で楽しい宴会が，夜更けまで続きました。

　すると案の定，翌朝のミーティングに遅刻が2人も出てしまいました。筆者は「今日はみんなと観光する気分になれない。なぜきちんと時間を守れんのだっ！？」と雷を落としました。

　帰りの新幹線である学生と話していると，「先生，『どうしてミーティングを当日の晩にやってしまわなかったのかなあ？』ってみんな言ってるんですけど，なぜなんですか？」筆者は心のなかで，「スケジュールに疑問があるなら，どうして前もって訊かないの？　あるいは『今晩やっちゃいませんか？』とか提案しないの？」と思いました。でもそうは尋ねず，「どうして当日の晩にやってしまうのがいいと思ったの？」と訊き返しました。「そうしたら，翌朝は寝坊しても時間に余裕が出ますし」。さてみなさんは，なぜ筆者は日曜の朝にミーティングを入れたと思いますか。

　「今回は，たしかに遊びの部分もあるけれど，メインはシンポジウム，つまりゼミとしての学習活動だし，しかも，学部から公的な資金補助を受けているよね，みんなも知っているとおり。だから，メインはあくまでも学習活動だということをはっきりさせるために，2日目も朝からミーティングを入れたの。それをふまえて，前の晩は少しセーブして，完徹はせずに少し寝ようとか，自分を律することができるか見たかったのね。それに，睡眠不足で観光中に体調が悪くなったらみんなに悪いでしょ」

　……というのが筆者の判断の根拠だったのですが（もちろん，異見のある人がいるでしょう），ここで言いたいことは，**「なぜこうするんですか？」と，他者の判断の根拠を問うクセをつけよう**，ということです。なんとなくの雰囲気や状況から，「まあ，ここではこうするのがあたりまえなんだろう」とか「みんながこうしているから自分もそうしておこう」といった判断も，時と場合に

応じて重要ですが，いつもこんな調子では，自分は何を大切にして生活していくべきなのかという価値判断の内的規準を，自分でしっかりと確立することはできません。

　他者の判断の根拠を尋ねると，返された回答が自分の価値観にはそぐわなくて腹が立ったり不愉快になったりすることもあります。たとえそれが嫌であっても，「自分の考えはこうだ。だからあなたの判断はあまり良くないと思う」といった対話をしてはじめて，あなたの内的規準は鍛えられていくのです。

ほんとうにわからなくて困ったら人にそれを説明する

　学生のみなさんと接していると，わからなかったらとにかくなんでも「ググッて」対処しようとしている人が少なくないように思います。もちろん，自分で検索して何とか対処する力があるのはいいことなのですが，ほんとうにわからないときというのは，そもそも何を検索にかけたらいいのかわからないときです。「どこから手をつけたらいいのか，最初の手がかりが何なのか，さっぱりわからない」——これがほんとうに困ったときです。しょっちゅうはないでしょうが，ここ一番というときに起こりがちです。そんなときは，闇雲に検索だけに頼らず，とにかく，知っていそうな人を捕まえて訊きましょう。

　すると，「んなこと人に訊かないで，これとこれを自分で調べろっ！」とか「そんなこともわかんないの？　ここからやり直しな！」とか言われてしまうかもしれません。でも，これは甘んじて受けるしかない。「そんなこと言われて，傷つきたくない」とか「こんなに困っているのに，あの人は冷たい」だなんて，歪んだ自己愛で自分を守っている場合ではありません。そんな自己防衛は脱ぎ捨てて，「これはすでにやってみました，でも，やっぱりわからないので教えてください」などと自分の困った状況を必

死に説明することです。困ったときは人に頼ればいいのですが，「困った様子を見たら，周りはどうして困っているのか気づいて対処してくれる」と期待するのは間違いです。**自分がどう困っているのか，きちんと言葉で説明する責任がある**のです。

こんなふうにやっていれば，あなたに罵声を浴びせた人とも，「想定外」の出会いが生まれるでしょう。

以上3点，「自分はこういうことを大切にして生きていきたい」という内的規準を鍛え上げる学び方について述べました。これらは自力で行なうことですが，必ずしも独りっきりということではありません。対話を交わす他者がいてくれてはじめて可能なのです。ともに経験し味わうことが大切なのです。

しっかりした内的規準があれば，たとえば不幸にして就職できなかったり失業したりしたとしても，うずくまらないでいられるでしょう。「とりあえずこの道を進めば大丈夫なんじゃないか」と，目前の自分にできることを行ない，扶けてくれる人びとに出会いつつ，生きていけるでしょう（ちなみに次章は，「社会には扶けてくれる他者がいる」です）。

誰もが「自分はこういうことを大切にして生きていきたい」という欲望をもっています。それを実現し維持するために，人間は制度や組織をつくります。現状の制度や組織でそれが不充分であれば，新しく創ればいいのです。第 *5* 章でも述べたように (p. 119)，人間には組織化 (organizing) の力があります。大切にして生きていきたい何かのために組織化を行なう場合，それが「儲かる」ビジネスになるか，もっと別の何かになるかはわかりませんが，そこには，みんなで集まって創意工夫を凝らす苦楽があります。だから，ともに経験し味わう力を養うことが大切なのです。

●対話的練習問題⑥:『こち亀』両さん,謝罪ロボットで大ヒンシュク

Ⅰ　秋本治さんの『こちら葛飾区亀有公園前派出所』の主人公である両さん(両津勘吉)は,195巻でキレッキレのアントレプレナー(起業家)としてその凄腕ぶりを発揮します。デパートや料理店で受付・接待をする人間そっくりロボットを開発,その・ロ・ボ・ッ・ト・を・作・る・の・も・ま・た・ロボット……そんな会社の社長になりました。

　ところが,接待ロボットが途中でエラーを起こします。どうやら,接待ロボを開発したロボットがどこかでミスをしていた模様。責任を追及された両さんは,いつものように海外へ逃亡し,代わりにロボットが記者会見で謝罪する,というオチになっています。

問い:あなたがもし,ロボットに「心を込めて」謝罪されたら,どう感じますか。理由とともに述べなさい。

第6章 機械が取って代わるジョブ

Ⅱ 人型ロボットの「Pepper」が話題を呼びましたが、最新のロボットは目の前にいる人間の表情や声から、その人の喜怒哀楽といった感情を読み取ります。人とのやり取りが増えるほど、それを学習して、人工知能（AI）の感情認識能力も向上し、さまざまな受け答えもできるようになっていきます。愛嬌たっぷりの「キャラ」をもつロボットと一緒にいると心地よいし楽しそうです。もし、ロボットに、国語・算数・理科・社会などを上手に教える AI を搭載すれば、もっとすごいロボットになりそうです。

問い：あなたに、小学3年生の子どもがいると想定してください。熱心だけれども非常に短気で言葉が過ぎることもある先生と、上記のようなティーチング・ロボットだったら、どちらに担任の先生をしてほしいですか。

第7章　社会には扶けてくれる他者がいる
○そして扶け合う人になる

> ■扉クイズ⑦
> あなたは，以下のようなことが生じたら，誰に相談しますか？

A． 1年近くバイトで勤めている居酒屋の店長に，「再来週は期末試験に備えるために有給休暇を取りたいのですが。6カ月以上勤めたら取得できると労働基準法に書いてあるそうです」と言ったら，「週3日しか働いていないバイトは取れない。それでも休むなら辞めてもらう」と詰め寄られた。いまのバイト先を辞めたくないが，授業の単位も落としたくない。

B． 就職活動がうまくいかず，内定が得られないまま卒業式を迎えてしまった。貸与型奨学金の返済があるので，なんとか4月中には就職先を決めたい。しかし最近は疲れやすく，気持ちの浮き沈みも大きい。

C． 勤め先の個別指導塾が，就職して半年で倒産した。次の就職先を探して同業者で何社も面接を受けているが，「半年では経験が足りないですね」「教員免許なら，誰でももっていますよ」と相手にされない。どうしたらいいのだろうか。

第Ⅱ部　社会のなかを手探りで進む

1　人に頼るのが不器用な学生

本章の目的と構成

　第*5*章では，現代の経済が，みんながディーセントに働けるかどうか気にかけない経済であること，第*6*章では，みなさんが就こうかなあと考えている職業が，近い将来において機械によって取って代わられている可能性があることを説明しました。このような方向に経済が進むなかで，みなさんもキャリア形成において，大小さまざまな困難に遭遇することでしょう。そこで第*1*節では，人に頼るべきときに独りで悩んでしまう大きな原因である，心理的コストについて考察し，その発想転換を論じます。続いて第*2*節では，具体的な相談機関について説明します。最後に第*3*節では，普段から扶け合う職場をつくって，みんなが気持ちよく働けるようにするには，ほんのちょっとの努力でいいんだよ，ということを述べます。

人に頼るのが不器用な理由

　学生のみなさんを見ていて気になることがあります。それは，人に頼るべきときに独りで悩んでしまうか，頼るべき人をうまく見つけられないでいる学生が多いことです。つまり一言でいえば，人に頼るのが不器用なのです（ついでにいえば，独りでやるべきときに人に頼る学生も多いのですが）。

　人に頼るべきときに独りで悩むのはなぜでしょうか。少なくとも理由は3つあると思います。

　1つめは，身近に信頼できる人はいるけれども，だからこそ逆

第7章 社会には扶けてくれる他者がいる

に相談できない、と思うこと。信頼できる相手だからこそ、迷惑や心配をかけたくない、あるいはまた、呆れられたり疎ましがられたり嫌われたりしたくない、と思うわけです。

2つめは、身近に信頼できる人がいないこと。これは、たいへんしんどいことだと思います。

3つめは、「これは人に相談することではなく、自分独りで解決すべきことなんだ」と思い込んでいること。この思い込みは、第5章で説明したように、独りでできることが多ければ多いほど、それだけその人は自立している、という誤った自立観のせいだと思います。誤った自立観のせいで、私が独りでできる部分と他者の扶けが必要な部分とのあいだの線を、前者のほうに寄せすぎて引いているのです。

それでは、頼るべき人をうまく見つけられないでいる、とはどういうことでしょうか。それは、問題解決(の途中)まで導いてくれる能力のある人を見つけられないでいる、ということです。たとえば、**扉クイズ⑦**のAのケースで友人に相談して、「バイト先を辞めるか、試験勉強を諦めるか、どっちかじゃない?」と言われて、「うーん、それじゃあ困るんだよなぁ〜」と言い続けているだけ、といった状態です。あるいはまた、Bのケースで親に

26 独りでやるべきときに人に頼る理由は、少なくとも2つあると思います。①やりたくないこと、興味のもてないことなので、「コスパ」を上げるために他者を「活用」する。②独りでやると、実力不足のためにショボいパフォーマンスとなることが予想されるが、低い評価を下されたくない。

これらについては、別稿で論じたいと思いますが、それぞれ簡単に一言だけ:①について 結果の効率はよいかもしれませんが、実力はついていないでしょう。②について 低い評価を下されたくないのは、自分を「ゆるして」いないからなのです(第3章、第5章)。

151

相談して,「誰かそういうことの専門家のところに行ったら？」「専門家って,誰？」「さあ……母さん,そういうことにくわしくないから……」と言われ,そこで止まってしまうような状態です。もちろん,話を聞いてくれる人がいるだけで気持ちが楽になることは多々あります。けれども,それだけでは往々にして,問題解決は遠いままなのです。

「ボク(ワタシ)が相談することで,迷惑や心配をかけたくない,あるいはまた,呆れられたり疎ましがられたり嫌われたりしたくない」と思ってしまうとしたら,頼るべき人をうまく見つけられないでいるのとほとんど同じです。相手が自分の荷物を背負わせるには力不足の人だと,その力量を正しく見抜いている場合もあるでしょう。

抱えている問題を,ほんとうに解決したいのならば,あなたの荷物を背負える人に頼ることが必要です。働いて暮らしていくことに関わるトラブルや問題は,ちょっと勉強すれば理解ができる,「なんだ,理屈はけっこうシンプルじゃないか」と思える知識があるか否かで,解決の可能性が変わってきます。この「ちょっと」をきちんと勉強しているのが専門家なのです[27]。「ちょっと」なのだけれど,(準)専門家以外の人はまず勉強していません[28]。

27 ここでいう専門家は,社会生活の実務に関わる専門家を指しています。そうした実務の理屈は簡潔(simple)で,常識があれば理解できます。簡潔な理屈のうえに,おびただしい量の細かなルール的知識が乗っています。素人の眼には,おびただしい量の細かなルール的知識がまず最初に目に映るので,そんな迷路に入っていく気が失せます。ところが専門家は,簡潔な理屈をつかんでいるので,ルール的知識のおびただしさに惑わされず,仕事を捌けるのです。
28 その理由は,第1章で述べたように,現代社会はある意味で誰もが素人の社会だからです。現代社会は,誰でも,何か少数のことにはくわしいけれども,それ以外のことについては素人同然といってもいい,そんな人びとが集まってつくっている社会だからです。

したがって、働いて暮らしていくことに関わるトラブルや問題をほんとうに解決したいなら、人に頼るべきときに独りで悩む3つの理由のどれであったとしても、その道の専門家に相談するのが良いでしょう。

「まあ、自分が我慢すればいい」でいいのか？

このように述べると、「うーむ、ほんとうに解決したいかって訊かれると、どうかなぁって考えちゃうなぁ」という人がいるでしょう。というのも、たいていの人間は、「背に腹は変えられない」あるいは「腹の虫がおさまらない」という状態にならない限り、ほんとうに解決したいとは思わないからです。たとえば、先の A のケースだと、アルバイト収入から自分の生活費の大半を払っているとか、あるいは、店長の態度によって自分という人間の尊厳を踏みにじられた、といった場合が考えられます。

ところがたいていは、「相談するのも手間暇かかるし、店長と協議するのも何だか気まずいしなあ……まあ、自分が我慢すればいいか」と自分に言い聞かせて黙ってしまうのです。バイトを辞めるか、試験勉強を諦めるかのどちらかを選択するのです。

けれども、バイトを辞めた場合は、次のバイトを探すというコストが嵩(かさ)むのみならず（機会費用）、続けていれば得られたはずの収入を失ってしまっています（機会損失）。試験勉強を諦めた場合は、勉強していたら得られていたであろう、より良い成績を失っているのです。このような経験をしても、たいていは「まあ、新しいバイトが見つかったから、いいか」とか「単位を落としちゃったけど、来年また取ればいいや」と自分に言い聞かせるでしょう。そうしないと、やってられません。人間は、嫌な気持ちや不満を抱えたまま日々を過ごすことを耐えがたく感じるからです。

だから「自分が我慢すればいい」となるのですが、この行動は、

見方を変えると不正義を放置することでもあります。Aのケースで，バイトを辞めるか，試験勉強を諦めるかのいずれを選択した場合でも，居酒屋店長の不正義はのさばったままなのです。アルバイトであっても，6カ月以上勤務すれば，有給休暇取得の申し出があった場合，これを与えなければならないのは雇用者の法的義務であるのに，店長をしてそれに違反させたままにすることです。その結果，他の人びとも不正義と不利益とにさらされ続けます。

とはいえ，こうした問題の解決には，時間的にも心理的にもコストがかかります。相談する人を探して会いに行ったり，ある程度自分で調べたり考えたり。そしてまた，こんな行動をしていると知った後の店長との人間関係を想像して気が重くなったり……ならば，自分が我慢したほうがまし，と思ってしまいます。不正義と不利益を被ったがゆえの正当な腹立ちが，抑えられてしまうのです。

権利行使の「肩慣らし」：ここぞというときのために

以上のような思考と心理の回路をたどってしまうのも，わかるような気がします。しかし，年長者は少なからず，自身をふり返って次のように思うのではないでしょうか。「若い頃は，なんだかすごく我慢していたなあ。でも，『どうしてこんなことで自分が我慢しなくちゃいけないんだ。アホくさ』，そして『みんなが気持ちよく働けないのは気持ちよくない』という思いが，若い頃と比べると大きくなっている」と。

ところが，不正義と不利益に対して行動を起こす経験がないと，腰が重くなるのも事実です。経験値がないと，どのように物事が進むのかイメージが浮かばず，なんだか非常に難しく思えて，億劫になるものです。けれども，働いて暮らしていくこれからの長

い人生のなかで、ここぞというときが訪れるかもしれません。現代の経済が、みんながディーセントに働けているかを気にかけない経済であるだけに、なおさらその可能性は高いのです。

したがって、**働くことに関して失うものが相対的に少ない大学生のときに、権利行使の「肩慣らし」をしておくのは、良い備えとなる**のではないでしょうか。たとえば、未払いの残業代を勤め先に請求することは、正社員として就職してからだと、「今後の昇進・昇給にマイナスかもしれない」とか「下手するとリストラの対象にされるかもしれない」などと、考慮すべき要素も増えます。これに対して、大学生のアルバイトであれば、居づらくなったり解雇されたりしても、次のバイト先は、相対的に早く見つけられます。そう比較考量して、労働相談の専門機関などに間に入ってもらって問題を解決してもらう、つまり、権利行使の肩慣らし的経験を積んでおくと良いのではないでしょうか。

もちろん、「トラブルメーカー」になれ、と勧めているのではありません。そんな必要はないのです。筆者の主張のポイントは、ここぞというときのやり方を、経験をとおして知っていると、気が楽だし自信ももてるよ、ということです。

2 そんなときはここに相談しよう

相談機関はネットワークを組んでいる

続いて本節では、どんな相談機関があるのか、具体的に説明していきます。**扉クイズ⑦**に戻ってみると、そこには働くことに関して3種類の困難（相談事項）があることがわかります。Aは労働者の権利に関するもの、Bは仕事探しに関するもの、Cは仕事

探しと職業教育訓練に関するものです。CのケースもBと同様，仕事探しをしているのですが，その中味を見ると，職業能力・職業経験の不足が原因で仕事がなかなか見つからない様子が見受けられます。なおBのケースでは，貸与型奨学金を借りているので，借金の返済も絡んでいます。こうしたお金の問題は，住居問題にも直結しています。加えてBのケースでは，メンタル・ヘルスの問題も見られます。

このように，働くことに関する困難は，働くこと単体では存在せず，学業，金銭や住居（ということは，家族のことにもつながります），健康問題などと合わさった複合的困難である場合が多いのです。「じゃあ，Bのケースだと，職探しではハローワークに行って，借金の返済やメンタル・ヘルスの相談は，また別のところに行かなくちゃいけないの？」――こんな疑問が湧いてくるでしょう。残念ながら，そういうことはありえます。不幸にして，たらい回しにされることも，なくはないのです。

ただし近年では，国や自治体は，複合的困難を抱えた人びとへの効果的な対処が重要な政策課題であるとの認識を強めているので，その態勢は徐々に整えられています。自治体の労働部局や福祉部局，あるいは市民生活部局などに行くと，総合的な相談に応じられるスタッフが配置されていたりします。このスタッフは，自分だけで何でも解決を授けてくれるのではありません。たとえば，そのスタッフの所属が労働部局なら，就職や職業能力開発のことは自部門で対応し，借金の返済のことは市民生活部局に，メンタル・ヘルスのことは福祉部局に繋ぐなど，チーム支援によって対応します。相談者をあちこちの部門へと移動させず，ワンストップで対応するのです。

こうした連携は，一機関（この例では自治体）だけにとどまってはいません。自治体は，ハローワークや公共職業能力開発施設，

第7章 社会には扶けてくれる他者がいる

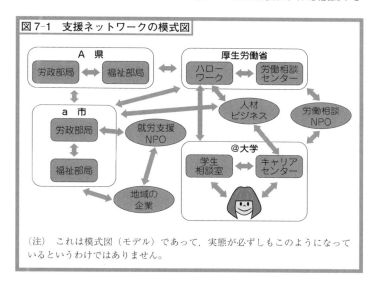

図7-1 支援ネットワークの模式図

（注）これは模式図（モデル）であって，実態が必ずしもこのようになっているというわけではありません。

　就労支援・労働相談のNPOや人材ビジネス，就労体験を実施している地域の企業などと，支援のネットワークを形成しています（図7-1）。それぞれの機関は，自分の得意な分野は自機関で対応し，そうでない分野は連携機関に繋ぎます。

　このようなネットワークのなかに，高校や大学などの教育機関が入っていることも少なくありません。就労支援・労働相談のNPOが高校へ，あるいはハローワークが大学へ，毎週出張相談に来ていたりします。また，大学のキャリアセンター職員のなかには，個人的な知り合いが各種の相談機関にいて，対応している学生の相談に乗ってもらったり，あるいはそちらに繋いでいる人もいます。

　したがって，もしみなさんが，「自分の相談したいことは複合的なんだけど……」と，どこの相談機関・部門に行けばよいか迷

ったら,「自分の中心的な相談内容は, これかな」と見当をつけて（間違っていても, 別に構わないのです), まずは, その相談が一番得意そうな機関に連絡してください。

労働者の権利に関する相談機関

　残業代の未払いや有給休暇取得の拒否, パワーハラスメント (略してパワハラ)・セクシュアルハラスメント（セクハラ)・マタニティーハラスメント（マタハラ) など, みなさんが労働者としての権利を侵害され, その解決の糸口が見つからなくて困っている場合には, 公的な相談機関あるいに労働組合に相談してみてください。相談は無料です。また, 守秘義務があるので,「内緒でバイトしているから, 親に連絡されたら困る」などと心配する必要はありません。

　公的な相談機関は大きく分けて2つあります。1つは役所系で, 各都道府県の労働局（厚生労働省の直轄機関）や自治体の労働相談センターです。もう1つの公的な相談機関はNPO系で, 弁護士や社会保険労務士や役所の相談職員, OB・OGなどが運営と実務にあたっています。これらの機関は,「労働局」「労働相談」といったキーワードを入れてインターネットで検索すると, その窓口を見つけることができます。

　労働組合は, 労働者の権利と利益を守るために労働者自らが組織した機関です。日本の労働組合は, 企業別労働組合を特徴としており, その企業に勤務している正社員のみで組織されている場合が多いですが, 非正社員が組織されているところもあります。勤め先の企業に労働組合がない場合には, 個人加盟が可能な労働組合（個人加盟ユニオン, 地域ユニオンなどと呼ばれています）に相談してみてください。「ユニオン」と入れてインターネットで検索すると, いろいろ出てきます。

第7章 社会には扶けてくれる他者がいる

　役所系／NPO系の公的相談機関でも労働組合でも，あなたが相談に行ったら，たとえば「お宅さんは，アルバイトのTさんが有給休暇を取りたいって言っているのに拒否しているそうですが？」などと，すぐに雇用者に連絡したりするわけではありません。まずはあなたの話をじっくり聴いて，「それはいつの話かな？」「店長は，正確にはどういう言い回しで言ったの？」「それを聞いていた人はいる？」など，事細かに質問し，あなたの立場から見た事実関係をはっきりさせます。というのも，誰でもそうですが，トラブルに巻き込まれているときは，記憶があやふやだったり違っていたり，また，感情的になっているため偏った見方をしていたりするからです。

　そのうえで相談機関の人は，解決に向けたシナリオをいくつか描き，あなたに提示し，どうしたいか確認してくれます。つまり，最後の意思決定は，あなた自身がするわけですが，そこに至るまでの問題を整理し，問題解決への道筋をつけることは，専門知識と経験とを有した専門家が，やってくれるのです。

仕事探しに関する相談機関

　仕事探しに関する相談の機関は，ハローワーク（公共職業安定所）[29]／区市町村（基礎自治体）／人材会社などの民間組織[30]，の3つに分類できます。これから，この順番で説明していきますが，大学によっては，そのキャリアセンターが既卒者にも（通常，卒業何年目まで，と限定して）対応している場合があることを述べてお

29　ハローワークというのは通称であり，公共職業安定所が正式名称です。
30　ここでいう民間機関とは，非政府系組織（non-governmental organization）という意味であり，営利組織（for-profit organization）に限りません。

きます。通っている（いた）大学に確認してみてください。

　ハローワークは，上述した都道府県労働局の直轄機関であり，その利用は無料です。「ハローワークに行くのって，就きたい職種や業種がある程度はっきりしていないといけないんじゃないの？」と疑問をもっている人がいるでしょう。たしかに，職業斡旋部門ではそういう傾向はありますが，職業相談部門では必ずしもそうではありません。就労と生活に関する複合的困難を抱えた人の増加や，非正規雇用化の進行による安定就労の困難化は，仕事を探す人びとに「就きたい業種がわからなくなってきた」「自分に向いている職種なんてないんじゃないか」といった，より根本的な疑問をもたせます。

　すると，「スーパーの販売職を探しているんですが」「ならば，甲社か乙社ですね，紹介状を出しましょう」といったやりとりがなされる職業斡旋部門とは異なり，職業相談部門では，「これまでどんな業種に応募してみましたか？」「人と話すことが苦手じゃないのなら，事務職以外も考えてもいいかもしれませんね？」といったところから，時間をかけてやりとりをします。

　ハローワークには，卒業（中退）後数年目までの若手の仕事探しを専門にした部署（ヤングハローワーク）や，新卒者専門担当者を置いているところがあります。そうした相談員は，就職先が決まらないまま大学を卒業した人や，就職したけれども短期で辞めた人，学校を中退しアルバイトや契約社員を転々とした人などの相談に応じています。もっとも，相談員にも，それぞれくわしい知識をもった業種や職種，反対にそうでない業種や職種があったりするので，もし，あなたが職業相談に行って，どうしても担当者との相性が合わなかったら，替えてもらって良いと思います。

　続いて，区市町村（基礎自治体）による仕事探しの相談機関について説明します。第1節で，自治体の労働部局，という言い方

第7章 社会には扶けてくれる他者がいる

をしましたが、その名称は、商工労働部や産業振興部など、自治体によってさまざまです。住んでいる自治体で確認してみてください。

　区市町村もハローワークに似た業務を行なっている、と聞いて意外に感じられるのではないでしょうか。それもそのはずで、住民の仕事探しの相談に乗るのも区市町村の然（しか）るべき業務だ、と国によって法的に規定されてから、それほど長い時間が経っておらず、まだまだ試行錯誤が続いているからです。

　法的規定とは、具体的には、たとえば2000年の改正雇用対策法で、地方公共団体による雇用政策の実施は努力義務である、と規定されました。その理屈は、複合的困難を抱えた就労困難者は、生活保護やひとり親家庭への扶助を受けている人と重なることが多く、これらの直接の窓口は原則として、国や都道府県ではなく区市町村であるから、区市町村のほうが、就労困難者をよりきちんと把握できる——というものです。

　ところが、区市町村は、仕事探しの相談業務の経験など、ほとんど皆無といってよく、それはハローワークの業務ではないか、と考えているところも少なくありません。したがって、区市町村による仕事探しの相談機関は、それぞれでサービスの質の差が大きいというのが現実です。

　ただし、もちろん力を入れているところはしっかりやっています。その自治体内・隣接自治体にある企業などとも、顔の見える関係を結んでいることも多く、それがスムーズな職業紹介に繋がっています。ハローワークでは、たとえば求職者30人が「甲社に求職申し込みをしたい」と言えば、公平性の観点から、30人

31　たとえば、生活保護やひとり親家庭への扶助の窓口は、市役所やその分室などにあります。

161

全員に紹介状を書かねばなりません。しかし、自治体が行なう就労支援の場合はそうしなくてもよいのです。自治体の相談担当者が、「甲社に一番合うのはTさんだな」と判断すれば、「こんど御社にTさんという人をイチオシで応募させますので、よろしくお願いします」と依頼してもよいことになっているのです[32]。甲社は30人もの選考をしなくて済みますし、応募者も採用可能性がわからないまま応募し続けなくて済みます。

これはほんの一例ですが、仕事探しの相談機関を充実させている区市町村もありますので、自分が住んでいるところがそうかどうか、確認してみるのもよいと思います。

職業能力と職業教育訓練

就職活動や転職活動が思うようにいかないと、「やっぱり、何か資格とか取ったほうがいいのかなあ。それには専門学校に通ったり通信教育を受けたりしないと」などと考える人がいるでしょう。ちょっと待ってください。もし、「資格は強い味方」と思っているのなら、それは一般に取得難易度の高い限られた資格の話であって、多くの資格は「弱い味方」にすぎません。

採用に至らないのはなぜか、と問うてみましょう。それには、そのときどきの労働需給の状況（どれくらい売り手市場なのか買い手市場なのか）が大きく作用しています。ただし、求職者側の何らかの職業能力が不充分である、と求人側が判断していることもたしかです。では、求人側は、どんな職業能力を判断の対象にしているのでしょうか。また、それらの職業能力の有無を何によっ

32　自治体などは、「無料職業紹介事業」の許可を国から得ることで、ハローワークと同様に、無料で職業紹介を行なうことができます。

て判断しているのでしょうか。どんな職業教育訓練を受けたらよいかを考えるために、まずは、ここから始めましょう。そのうえで、職業教育訓練に関する相談機関について述べます。

職業能力の分け方はいろいろありますが[33]、細かい話をするのが本章の目的ではないので、ここでは簡単に3つに分類します。①ビジネスマナーや受け答えの力、②他者と協力して業務や課題を遂行する力、③個別的・具体的なスキル。

面接側は面接のときに、①についてはかなりわかるものです。けれども②については、よくわからないことも多い。「こちらの意図するところを注意深く聴き取ろうとしているな、ならば、職場で協力できるだろう」といったように、①からの推測に頼ることが多いので、「難しい課題に直面したとき、この人はどれくらい頭をはたらかせることができるのだろう？」といったことは、わかりません。そのため、グループ討論やグループ課題を実施するのですが、それにしたところで、わかることは限られています。③については、資格や免許の有無、そのスキルを発揮した経験について質問することで、ある程度はわかりますが、やはりくわしいことはわからないのです。

要するに、「面接でわかることなんて限られている」。多くの面接官経験者はそう言います。採って「使えない」人だったら困るので迷うわけです。採用はリスクの高い行動なのです。そこで、①②③の能力を鍛えた（はずの）教育訓練機関の「信用証明書」を参考にします。「信用証明書」とは、大学の卒業（見込み）証明

33　たとえば、経済産業省の「社会人基礎力」は、全部で12の能力要素を、「前に踏み出す力」、「考え抜く力」、「チームで働く力」の3つにまとめています。
（http://www.meti.go.jp/policy/kisoryoku/index.html; 2016年9月14日閲覧）

書や成績表[34]、人材企業のビジネスマナー講習修了証、などです。

その「信用証明書」が信用できるか否かは、それを発行する教育訓練機関の教育訓練が信用できるか否かに他なりません。身近な言葉で言えば、甘い評価を付けていない、ということです[35]。したがって、何らかの職業能力が不十分であり、それをなんとか身につけたいのであれば、能力が達している人だけに合格を出している教育訓練機関を選んでください。

職業教育訓練に関する相談

職業訓練を提供している公的機関はどこかと問われると、みなさんの多くは、国公立の学校、つまり、文部科学省→都道府県教育委員会のラインで捉えられる教育機関を思い浮かべて、「あまりないなあ」と思われるのではないでしょうか。しかし、これと並行してもう1本、厚生労働省→都道府県／区市町村の労働部局というラインにおいて、公的職業訓練が提供されています。日本では、私たちは学校というと、前者を思い浮かべがちで、後者はマイナーな存在です。

34 credit という単語の意味は？と訊かれたら、「信用」と答える人が多いでしょう。辞書を引いてみてください。「(授業の)単位」という意味も出てきます。つまり、たとえば「法学概論」でAという成績が付いたらそれは、「法学概論の理解力が優秀であることが『信用』できる」ということです。

35 一般的に、日本の大学の成績評価は、企業からあまり信用されていません。「どうせゆる〜く付けているんでしょ」「AプラスやAを乱発している授業もあるてしょ」というわけです。近年、面接時に成績表を用いて、「統計分析や調査系の科目に、Cの成績が多いのはどうしてですか？」といった質問をする企業も増えてきました。したがって筆者は、GPAの相対評価をある程度厳格に運用すること（たとえば、Aプラスは15%以内、AプラスとAとを併せて30%以内とする、など）には、採用側から見た大学の成績評価の信頼性を高める方法という点では、原則賛成です。

第7章　社会には扶けてくれる他者がいる

> **サプリメント・コラム⑦：レポートにはタイトルを付け，第1段落に目的とあらすじを書く――書くのがグンとうまくなる**
>
> 　「レポートを書くのが苦手です。どうしたら良いですか」。苦手にもいろいろなタイプ・レベルがあり，その原因もさまざまなので，くわしい解説は別の本に譲りますが，苦手ですというあなた，でも，なんだかんだでレポートを書いてはいるわけですよね。つまり，1文字も書けないわけじゃない。「こんなので大丈夫かなあ？」とか「なんだかうまく書けていないことだけはわかる」といった状態なのでしょう。そんなあなたに，きわめてシンプルな2つのアドバイスです。
> 　第1に，レポートにはタイトルを付ける。多くの学生は，「教育社会学Ⅰレポート」といったように，授業名を表紙に書いてきます。「あれ，タイトルは？」「？？？」「あなたが一番言いたいことを，短い言葉にギュッと濃縮したのがタイトルだよ。『教育社会学Ⅰ』は，そうじゃないでしょ？」
> 　どういうタイトルにしようかなあと考えると，「要するに……」とまとめようとするので，幹と枝葉を区別するよう思考がはたらきます。こうすると，あなたの文章は組み立てが整ってきます。
> 　するべきことの第2は，第1段落に目的とあらすじを書くことです。冒頭第1文を「本稿の目的は……」とか「本論では……する」という形式で書いてみましょう。目的とは，あなたが付けたタイトルをもう少し長めの文章にしたものです。目的が書けたら，あらすじを書く。先に，書く内容の幹と枝葉を区別してあるので，それをどういう順番で並べたら論理的で説得的かな，と考えながらあらすじを書きます。そうすると，第2段落以降は，その組み立てに沿って書いていくので，筆がスムーズに進みます。
> 　この2つを実行するだけで，書くのがグンとうまくなります。自信がついて，もっとうまくなりたいと思うでしょう。その段階になったら，レポート・論文の書き方についての本を読んで，学んでみてください。

　職業訓練を受けたいけれども，大金なんかは払えない／払いたくないという人は，公的職業訓練機関を選択肢に入れてみることをお勧めします。そのメニューは，前述の①②③に関していろいろあります。期間や頻度，難易度などもさまざまです。どんなメニューを受けたらよいか，それを相談したい人は，前述した，仕事探しに関する相談機関の担当者に訊いてみるとよいでしょう。こうした機関の相談員は，なかなか採用に至らない人の相談を受

けているので,「真面目なことはよくわかる。受け答えがもう少し上達するといいのに。そうだ,△△市主催のビジネスマナー講習がちょうど始まるところだな」といった見立てと情報をもっているのです。

なお,人材会社も,職業教育訓練を無料あるいは低価格で提供している場合があります。大きくは2つあって,1つは,自治体から教育訓練事業を受託している場合,もう1つは,面接で採用した企業から費用を取る場合です。後者は,「こういう人たちにこういう訓練をして,貴社の面接に送り出しますので,マッチングが成立したら手数料を頂きます」という仕組みです（有料職業紹介の1バリエーション）。売り手市場になり,なかなか思うように採用が進まないと,企業は費用を払ってでも有能な人材を採りたいので,こうしたビジネスはさかんになります。逆に買い手市場になると,求職者は費用を払ってでも有能な人材になりたいので,人材会社は求職者から手数料を取って訓練する,といったビジネスが広がります。

3 扶け合う職場をつくる

●それが本当の解決

「知は力なり」は本当か？

本章の最終節では,第1節の議論を展開して,「働くことに起因する何らかの問題が解決したらそれで終わり,ではなくて,普段から扶け合う職場がつくられることが,本当の解決なのだ」ということを述べたいと思います。

キャリアデザインや大学生活・就職指南の本には,働くことで困ったときの相談先について,労働法の基礎知識とセットにして

解説したものが多く、なぜ人に相談すべきときに独りで悩んでしまうのか、なぜ自分が我慢すればいいと思ってしまうのかという、より根本的な個人の内面的問題に踏み込んでいません。つまりそれらの本には、本章第2節だけをずっとくわしくしたものが多く、本章第1節の議論が抜けています。これだと、どうすれば、「自分が我慢すればいい」という思いを抱えて独りで悩むことから抜け出し、自分の荷物を背負える人（専門家）に頼ろうという気持ちになれるのかが、見えてきません。

　類書の多くは、人は労働者の権利意識に目覚めたら行動は変わる、と暗黙のうちに前提しているように思います。労働者の権利が侵害されていることを具体的に知らないから声を上げないのであって、労働法の知識を得たら不当であることに気づくので、声を上げるだろう、と。

　しかし、人間の知性と感情は互いに拮抗します。つまり、理屈で考えることと感じることが対立し、しばしば後者が勝つのです。哲学者のフランシス・ベーコンは「知は力なり」と述べました。けれども、知（知識）と力（行動力）とのあいだは、感情の存在によって大きく隔たっていて、「知は力ならざる」ことが多いのです。あれこれ手間暇がかかって面倒くさい、店長との関係が気まずくなりそうで嫌だ、ならば自分が我慢すればいい——こうした感情の動きが、労働者の権利侵害という知識と、その解決に向けた相談という行動力とを隔たらせるのです。

　労働者の権利に関する教育には、知性偏重（intellectualism）の傾向があるのではないでしょうか。そこでは、労働者の権利が侵害されたことに対する腹立ちという感情は想定されているのですが、それと併存する、上に挙げたような諸感情については、充分な注意が払われていないように思います。

　みなさんのなかには、労働法の基礎知識や労働者の権利や労働

トラブルの解決方法に関する授業やセミナーを聴いたことがある人もいるでしょう。もしかすると,「権利が侵害されていたらもっと怒っていいんだよ,行動を起こしてもいいんだよ」というメッセージが,"may"ではなく"should"さらには"must"に聞こえた人もいるかもしれません。その理由は,みなさんの内面で渦巻くさまざまな感情が,そうした授業やセミナーでは重要なものとして取り上げられていないことが大きいからだと思います。

このように筆者は,知性に拮抗する感情の存在を,もっと重く見るべきだと考えています。そのため第 1 節では,心理的ハードルを下げてもらおうと,権利行使の「肩慣らし」ぐらいに思ったらいいかもよ,と述べたのです。でもそのあとに,「普段から扶け合う職場がつくられることが,本当の解決なのだ」と主張するのは,心理的ハードルをぐっと上げることになってしまいますね。ですので,以下ではこのハードルを下げる話をしたいと思います。

分担して少しずつ背負う

「働くことに起因する困難やトラブルに遭遇したときに,人に相談することならできるにしても,人から相談されたときはどうしよう。扶け合う職場をつくるって,そういうことだけど,自分には人の相談に乗ることなんてできそうにない。だって,労働の知識なんてないし,負担が増えそうで面倒くさい」。こんなふうに感じている人がいるかもしれません。

こうした感じ方は,ネガティブな想像によって心理的ハードルを上げてしまっています。相手の荷物を,それが解決するまで自分が全部背負っていなければならないと思い込んでいるのです。これでは,重くるしくて嫌だな,悪いけど面倒くさいな,と感じてしまって当然でしょう。けれども,第 1 節で述べたように,**抱えている問題を解決するには,あなたの荷物を背負えるであろう**

第7章 社会には扶けてくれる他者がいる

人に頼るべきなのと同様に，あなたは他者の荷物を背負える分だけ背負えばいいのです。

　たとえば，あなたが居酒屋でアルバイトをしているとしましょう。ある日，出勤すると，同じくアルバイトのM男が，「きのう，ついうっかり皿を落っことして10枚，割っちゃったんだよね。そうしたら店長が『弁償しろ！』って。5000円も払わされて，痛いよ。わざとやったんじゃないのに！」と大変憤慨しています。もし，そこであなたが，わざとじゃないのだから，店長もそこまですることはないと思ったとしても，「よし，じゃあ，アタシも店長に言ってあげるから」なんていう勇気は，なかなか湧いてこないでしょう。自分たちのほうが間違っているかもしれない，労働に関する知識に自信がないし，店長からあれこれ言われて言い返すのも難儀だな，それに結局は他人のことだし……などと思うであろうからです。

　これは，割った皿の弁償問題を，それが解決するまで自分が全部背負っていなければならないと思い込んでいるのです。しかし，背負えないと思うのなら，背負う必要はありません。M男の話を聞いたとき，その場でちゃちゃっと「労働相談 東京」などとスマホで検索して，「ほら，ここ，32XX-97XXに電話してみたら？」と，伝えるだけでいいのです。つまり，あなたはM男の荷物をほんの一瞬だけ（30秒くらい？）背負って，もっとしっかり背負える人（専門家）にパスしてしまえばいいのです。あとはM男次第です。もし，M男の荷物をもう少しだけなら背負えるなと判断したら，たとえば，「じゃあ，この話をU輔とS美にもして，4人で一緒に店長に言おうか？」とする方法もあります。M男と2人だけだと心細いですが，倍の4人だと各自の負担は4分の1です（**図7-2**）。

　第2節で，相談専門機関はネットワークを組んでいる，と述べ

169

第Ⅱ部　社会のなかを手探りで進む

図 7-2　問題解決のアイデア

ました。つまり，専門家ですら，自分独りで全部背負って解決しようなどとはしていないのです。第 *1* 章で述べたように，現代社会は，ある意味で誰もが素人の社会なので，専門家であっても，否，専門家であるからこそ，「自分はその問題にはあまりくわしくはない」とか「こういうケースの解決は誰々さんがよく知っている」といった判断によって，お互いに扶け合っています。このように，**扶け合いネットワークの神髄は，みんなで分担して少しずつ荷物を背負い，解決の果実をみんなで味わう，というところにあります**。4 人で分担して背負っても，その果実は 4 分の 1 にはなりません。その何倍をも味わえるのです。

働くことの原動力：好みや能率や競争だけでなく

これは，第 *5* 章で問うた，「どうしたらみんなが気持ちよく働けるだろうか？」という問いに対するひとつの解であるといえま

す。みんなで分担して少しずつ荷物を背負い、解決の果実をみんなで味わえると、「自分以外の人が気持ちよくしているのは気持ちがいいものだ」と思えるので、仕事をしようという意欲が倍加します。つまり、**互いに扶け合う職場というのは、働くことの原動力として非常に重要**なのです。

　私たちは、働くことの原動力として、いろいろな種類のものをもっています。その仕事が好きだ・自分に向いている、能率的にこなして結果が出ると気分がいい、アイツに負けないと思うと頑張れる、などなど。このなかに、お互いに扶け合って仕事をしたい、という気持ちを入れてはいけない理由は何もありません。

　現代社会は、仕事の選好や適性、能率や生産性、競争が、働くことの原動力として強調されている社会であると思います。これらは、人間のもっている性向なので、社会の仕組みがこれらを否定したり抑圧していたりするとうまくいかないのですが、だからといって過度に強調した仕組みもまた、不健全であります。「『好き』を仕事にしよう！」──そりゃあ、嫌いな仕事よりも好きな仕事をするほうが嬉しいですが、いつでもそれができたら人間、苦労はありませんし、好きなことを仕事にしてもそのうち飽きてしまうかもしれません。「高い生産性を目指して競争だ！」──そりゃあ、切磋琢磨できればいいですが、人間、失敗もすれば落ち込むことも多々あります。

　このような、働くことの原動力の個人中心的な理解に欠けているのは、お互いの扶け合いがうむ、喜びというエネルギーです。発達心理学者・法心理学者の浜田寿美男さんが述べているように、「これまであまりいわれてこなかったけれども……人間とは『相手が喜ぶのを喜ぶ生き物』」なのです（浜田 2012, p. 78）。

171

第Ⅱ部　社会のなかを手探りで進む

● 対話的練習問題⑦

Ⅰ　1週間後に、就職面接を受けに行くと仮定してください。その会社では、あなたの大学の成績のなかから、勉強を頑張ったのに成績が芳しくなかった科目について、なぜそうだったのか、原因分析について訊かれるそうです。

問1：あなたの成績表を実際に開いて、勉強を頑張ったのに成績が芳しくなかった科目について原因分析を述べなさい。ただし、単位取得を諦めたために芳しくなかったものは除きます。

問2：原因分析を他の誰かに手伝ってもらうとすれば、あなたは誰に（どこに）頼みますか。

Ⅱ　あなたが居酒屋でアルバイトをしていると仮定してください。ある日、同じアルバイトの同僚であるＳ美から、相談を受けました。「この前、店長から『仕事が終わったら一緒に飲みに行こうよ』って誘われたので、『2人でですか？』って訊いたら『そうだよ』って言うから、『最近忙しいのでちょっと無理です』ってやんわり断ったの。そうしたら、ここんとこ、希望のシフトがことごとく店長に拒否されているのよね。バイト代が減るから困るわ。どうしたらいいと思う？」

問い：あなたは、Ｓ美に対してどういう行動をとりますか。

サプリメント・コラム⑧：多読と精読，どっちが大事？

「多読と精読，どちらが大事ですか？」——これも学生からよく訊かれる質問です。筆者の答えは，「それは私にはわかりません」。ただし，ゼミ生のように普段の付き合いのなかで，思考や感性の特徴，これまでの読書歴，現在の研究テーマなどを（ある程度）知っている場合には，「いまは多読の時期だ。薄いもの，易しいものでいいから，教師の仕事に関するものを片っ端から読んで，情報レベルの基礎知識をどんどん詰め込め」とか，「いまは考察を深めなくちゃいけない。あなたの『セクシーな本』は中島義道さんなんだから，彼の易しめの本でいいから精読しろ」といったように，具体的に多読／精読のアドバイスができます。これに対して，大講義で訊かれるような場合は，その学生の人となりがわからないので，答えようがないのです。

そもそも，「多読と精読，どちらが大事ですか？」という質問をする人は，自分の感性を信用していないことが問題です。お腹が空いているとき，何を食べるのか，それは実際に自分で食べてみるでしょう。「パンとご飯，どちらを食べるべきでしょうか？」なんて訊きませんよね。身体が欲するものを食べればよいのです。だから，「多読と精読，どちらが大事ですか？」なんて質問をするヒマがあったら，とにかく読みなされ。そのうち，「これくらいのレベルなら，これくらいのテンポで読めるんだな」と，自分のことがわかってきます。

		難しさ	
		難しい	易しい
面白さ	面白い	I	III
	つまらない	II	IV

参考までに，上のようなマトリクスのなかに，本のタイトルを入れて読書記録をつけていくと（全然手間はかかりません），自分の実力と好みをつかみやすくなるでしょう。IVは論外として，人はIII（易しくて面白い）ばかり読みたくなるものです。でも，これでは実力は伸びません。I（難しいけど面白い）に出会えた人は幸せです。ガッツリ取り組むことで，その本はIIIに移行するでしょう。II（難しくてつまらない）は，しばらく放置しておいてオッケーです。頃合いを見てまた読んでみましょう。

第8章　キャリアデザインを人生に活かす

○まずは相手に譲ること

■扉クイズ⑧

本書の第1章から第7章までの分量は，400字詰め原稿用紙に換算すると，何枚くらいに相当すると思いますか？（図表は1葉につき400字とカウントします）

A．100枚
B．200枚
C．300枚
D．400枚

1 各章で言いたかったことの要約

本章の目的と構成

扉クイズ⑧の答えは,「C. 300枚」です。「えっ,そんなにあったの？」という人もいれば,「まったく想像がつかなかった」という人もいるでしょう。これらの感覚は,普段みなさんが勉強で書いている文章の質量と,勉強で読んでいる文章の質量との組み合わせによって,生まれてきていると思います。

勉強としての文章といえば,レポートや論文が思い浮かぶでしょう。Microsoft Word の標準設定では,A4版で1ページあたり40字×36行,つまり原稿用紙換算で3.6枚です。授業科目や学年によってまちまちですが,レポート課題は,A4で2ページから4ページの分量指定がなされることが多いのではないでしょうか。

本書の第 *7* 章までは300枚ですので,Microsoft Word の A4 標準設定だと84ページになります。4ページのレポートなら21本分,3ページなら28本分,2ページなら42本分に相当します。みなさんは,これだけたくさんレポートを書いたなら,どこに何を書いたか,おそらくはほとんど忘れているでしょう。実は筆者も,300枚といったボリュームのものを書いてしばらく経つと,「あのことは第何章に書いたっけ？」とか,「あれ,この章にはこんなことも書いたんだ」などと,記憶があいまいな部分がでてきます。

書いた本人ですらこうなのですから,他人の文章を読んでくださっている読み手のみなさんなら,なおさらそうだと思います。

そこで本章では,まず第1節で,各章で言いたかったことを要約的に述べます。もちろん,忘れているであろうからという消極的な理由からだけではなく,それぞれのパーツを合体させてザーッと読み直したときに,よりはっきりと見えてくるものがあるという積極的な理由から,そうするのです。次に第2節で,「どんな社会で生きてゆきたいか?」という問いに対する本書の解をまとめます。最後に第3節では,あなた自身の「自己の本来的使命は何か?」とあらためて問いかけます。

各章で言いたかったこと

第1章「『キャリア教育』とどう付き合うか?」では,みなさんが小中高と受けてきた「キャリア教育」を相対化することから始めて,「キャリアデザイン学」とは何かについて説明しました。

　文部(科学)省は2000年を前後して,「キャリア教育」の推進を唱え始めました。その特徴・傾向は,端的にいって,既存の厳しい経済・社会に自分を合わせ,就職できるように努力しよう,ということです。現場の多忙な先生方は,キャリア教育について悩んでいます。生徒たちの短い在籍期間のなかで,なかば強引な仕方でひっぱらざるをえない状況です。そんななかで大学に入学してくる多くの学生は,「キャリア教育」に感じるモヤモヤ感を解消できずにいる。こうしたふり返りを,まず行なったのでした。

36　筆者のような(文系の)大学教員・研究者が論文を投稿する専門雑誌の場合,原稿用紙換算で50〜60枚が標準です。一般向け雑誌への寄稿の場合は,2〜20枚と,まちまちです。本一冊なら200〜500枚,「第〇章を書いてください」といった分担執筆だと40〜50枚ということが多いです。このように,さまざまな分量と質の文章を書いていると,「うーむ,中高生のお母さん向けに5枚かぁ。自分での見直しと人に読んでもらうのを含めて,マックス3日とっておけば書けるかな」といった相場観ができてきます。

キャリアデザイン学とは，専門分化した諸学問を前提としながらも，「自己の本来的使命は何か」「どんな社会で生きてゆきたいか」という，哲学を出自とする問いによって統合していく，学際的な学問です。現代社会は，誰でも，特定のこと以外については素人同然といってもいい，そんな人びとが集まってつくっている社会です。したがって，お互いを——知らない人のほうが圧倒的に多いでしょう——信頼せざるをえません。こういう社会では，自分のよく知らないことは他の人に丸投げ，無関心になりがちです。そうした社会は狭く脆いものです。そうならず，社会的紐帯（つながり）を強くするためには，共通のもの，つまりキャリアデザイン学の問いを共有する必要があります。

大学生らしく「キャリアデザイン学する」には，あなたの育ち方・暮らし方のなかで当然視していて気づいていないことをふり返る必要がありました。そのために，**第2章「そのエントリーシート，中学生の作文!?」**では，なぜ大学生らしい文章が書けないのかを考えてみました。その理由は大人として向き合えてないことです。大人であることの条件とは，第1に，好き嫌いの感情を中心にしない人間関係を維持すること。第2に，不条理で汚く，何が正しいのか結論が出ない人間社会のなかにあっても，そこから逃げずに状況を引き受けていくことでした。

例として挙げたC子さんは，「どういうふうに書いたら，自分は好かれるかな」ということばかり気にしているので，やたら「共感しました」とか「魅力を感じました」と書いてしまいます。これらは，相手との一体化を願望した，意見や価値観の相違がないことを示した表現なので，安心なのでしょう。けれども，人間社会は汚いものであって，不誠実な商売やパワハラに直面したら，善悪の判断を下して行動しなければならないし，もしかしたら自

分のほうが間違っているかもしれないのです。しかし，就活をしている大学生のみなさんを見ていると，「キレイな」情報や文言に吸い寄せられて"Feel Good"になっている人が少なくないのです。

　以上のような理由のため，就活対策だけしてもムダなのです。その前に，自分の意見をもつための言葉や考え方を，人文・社会科学を通してガッツリと学ばなくてはなりません。自分をとりまく人間関係や自分が生きる社会について，形になりそうでならない考えや感情を，ピタリと表せる表現に出会うことの快感を味わえば，自分なりの表現によって，それを語ってみたくなるものです。人文・社会科学の学びとは，みなさんがこのような創造性を発揮するための準備であり，またその最良の機会に他なりません。

　ところが，大学入学までの道徳教育と混同した作文教育という弊害のために，多くの生徒が作文嫌いになっています。自己の直接経験・間接経験をもとに感受性と思考という翼を広げて，自由に書いてみることの快感を知らないまま，大学に入ってきています。それではあまりにもったいない。みなさんは，語るに値する普遍的なものが宿ったディテールを，これから書いていくべきです。それには感性と技術が，そしてこれらを磨くにはトレーニングが要ります。精進してください。

第3章「わが子を未熟にする大人」でも　第*2*章に続いて成熟回避の要因を探りました。母親が子どもの自主性が育たないと（おそらく）気づいていながらも，「段取りママ」をやってしまうのは，1つには，無視することがかなり難しい「段取りママ競争」があるからです。もう1つには，「自分は身近な人のために尽くしている」という満足感と同時に，「私が傍についてあげているから，あなたは困らない人生を歩めるのよ」と，愛という名の支

配欲をも満たせるからです。

　つまり，親だって，ただの弱い人間なのです。だからこそ，どうしていいかわからないと悩みつつ，必死に生きていますし，親自身の自己愛は，健全に表出されることもあれば歪んで表出されることもあるのです。だから，そんな弱さを受け止めたうえで，うまく親を突き放す優しさが要ります。

　親の（過剰な）段取りを受け入れたままにすることの問題は2つあります。1つは，段取り技術が身につかず，その苦労の価値を学ばないことです。もう1つは，人様が行なう段取りの苦労を知らないので，自分自身の快・不快を中心に周囲を評価しがちになることです。これでは，難しいこと課してくる他者を嫌がるから，大学での学びもスカスカになってしまい，何も習得できません。でも社会では，人様のために骨身を削って段取りをし続けていかねばならないのです。

　段取りとは，いっぺん実行して頭と身体で流れを覚えるまでは，未知への挑戦に他なりません。しかし，失敗すると怒られると思って，失敗を恐れる学生が多い。結果だけで判断されることが多いように見える社会であっても，必ずしもそんなことはないのだ，叱られることはあるかもしれないけれど，伴走してくれる人がいるんだ，と気づけば，「失敗を恐れるな」という言葉が信じられるようになり，楽になるでしょう。

　ただし同時に，自己のもっと内奥に，それでも失敗を恐れる理由があります。「ありのままの自分」と「こうでありたい自分」とのギャップに気づくことが怖いのです。けれども，外的規準を多分に反映した「こうでありたい自分」は脇に置けばいいのです。「ありのままの自分」が，どんなにショボかろうが人に迷惑をかけようが，その痛みは消えないだろうけど，愛想を尽かさず付き合ってあげよう。このようにして自己を「ゆるす」ことができれ

ば――それは，ありのままのあなたをまなざす他者のまなざし方を，あなたのなかに受容することですが――「失敗したら，まあ，そのときはそのとき」と思えるようになるでしょう。

　以上の3つの章で，学校や家庭での育ちをテーマに，みなさんの思い込みを解いたあとは，働くこと，生きてゆくことに関する知識と知恵の増強を図りました。それが第*4〜7*章です。

　第4章「社会人はどんなふうに働いているの？」では，仕事と生活に関する基礎用語を学びました。働くことというと，職業（occupation）や業種（industry）をもっぱら思い浮かべがちですが，それだけでは足りません。そこで，有償労働／無償労働，従業上の地位，正社員と非正社員，雇用形態，派遣労働，請負労働，世帯，といった用語について修得しました（よね？）。

　そのうえで，統計データ（Number Cells.）を読み込む練習も若干行ないました（「SY」＝数字読めない人，腕前は上がりましたか？）。そこでは，この20年間に，男女と年齢問わず，単身世帯が増加していることが示されました。その理由としては，終身（長期）雇用制度が優勢ではなくなり，非正規雇用や失業の割合が増えれば，中長期的に安定した収入が見込めそうな人が減ったことによって，男女ともに結婚しなくなった／できなくなったこと，（とくに）中高年の離別が増えていること，などが挙げられます。みなさんは，たとえばこんな社会を念頭において，自分のキャリアと社会とをデザインしていく必要があります。

　仕事と生活に関する知識を増強するには，BtoC（Business to Consumer）ばかりではなくBtoB（Business to Business）という視点でもって調べていく必要もありました。ただし，BtoCの仕事にしても，表面を見ているだけの学生が多いです。表面の奥にあ

る社会的現実を豊かに想像する力が弱いからです。このタイプの人は，自己啓発本が大好きです。それ自体は構わないのですが，問題は，仕事の心構えや対人スキルの事例にちょっとふれただけで「働くことについてわかった」気になってしまうことです。

　働いて暮らしていくこととは，人生のなかで続いていくことなので，個人の歴史と社会の歴史とを重ね合わせることで，両方をより深く理解できます。そのときどきに，当人の仕事と生活にはどんな影響が及び，何を悩み考え，行動したか。こんなことを明らかにしていくと，表面の奥にある社会的現実が豊かに浮かび上がってきます。これが，キャリア・ヒストリー研究の醍醐味です。

　この章では，ワークライフバランスについても議論しました。たしかに，その制度を整える組織は増えてきていますが，制度の是非を考えるさいには，自分のワークライフバランスだけを考えているのではいけなかったのでした。なお，仕事と生活のバランスがとれているということを，疲れがとれたということに矮小化してはなりません。また，「バランスは人それぞれ，寝ても覚めても仕事に集中して何が悪いのか？」と反論することで思考を止めてはなりません。なぜなら，レクリエーション（再創造 recreation）とは，仕事や勉強とは独立した，その人自身の再創造，おのれを見つめる勇気をもって，自分自身の本来的使命について，ゆるりと考えをめぐらす時間だからです。

第5章「どうしても働かなきゃダメ？」は，誰に対して「働かざる者食うべからず」と言いたくなるか？という問いからスタートしました。私たちは，働くことを道徳化して，自己と他者とを判断しています。稼働能力と経済的必要性があるのに働かない人は道徳的に非難されて当然の人，と見なしがちです。そこには，どろどろした利己心と充たされない承認欲求とがしばしば潜んでい

サプリメント・コラム⑨：Late and Fast ではなく Early and Slow ── 緊急中毒では実力はつかない

サプリメント・コラム⑤の，Pさんのセリフを思い出してみましょう。「あたしなんか，気合い入れまくって，昨日1日でなんとかなったわ」。みなさんにも経験があるでしょう，仕上げなくてはならないことのデッドラインが迫ってくると，たしかに，「火事場の馬鹿力」やものすごい集中力が発揮されます。するとアドレナリンが出まくりますので，妙に充実感・達成感がある。

ただし残念なことに，実力は全然ついていないのです。充実感・達成感があるからといって，力が伸びていることには必ずしもなりません。こうした実質の得られない行動は，健康診断の前日に断食して，体重計の目盛りがちょっとでも低くなるようにする「努力」と同じです。

実力をつけたかったら，Late and Fast（遅く始めて速くやる）ではなくて，Early and Slow（早く始めてゆったりやる）を実践すること。以下にその具体例を挙げました。

課題図書を読んでレポート執筆：同じ8時間をかけるにも……

	Pさん	Qさん
6日前		2時間（読み込み）
5日前		2時間（読み込みと構想）
4日前		2時間（執筆）
3日前		1時間（書き直し）
2日前		
前日	8時間（読み込み・執筆）	1時間（書き直し・仕上げ）「これで出しても恥ずかしくないバージョン」印刷
提出当日	印刷	印刷

説明は不要でしょう。ただし1点だけ補足します。Qさんは提出前日に「これで出しても恥ずかしくないバージョン」を印刷しています。当日印刷にはリスクがあります。自宅や大学のプリンタが，いつ壊れるかわからないし，大勢の学生が印刷待ちをしているかもしれません。リスクに備えられるのが大人です。

るので,「いけないのはお前であって,私ではない。私は正しい」といった他責的メッセージを発しがちです。でもこれは,言われた本人を萎えさせます。効果的ではないのです。

　私たちには,「どうしても働かなきゃダメ?」と言いたくなるときがあります。でも逆に,そう訊かれたら,「うーん,働かなくて大丈夫なら,働かなくてもいいけどさ,でも,働かなかったら生活していけないでしょ?で,生活保護をもらうようになったりするのって,嫌じゃない?」と,話のオチに労働の道徳化を採用しがちなのです。けれども,労働の道徳化は他責的なので,より善い社会に向けた創意工夫に寄与しません。したがって私たちは「どうしても働かなきゃダメ?」ではなくて,「どうしたらみんなが気持ちよく働けるだろうか?」と問うて,それを知的にクールに解いていくべきなのです。

　なぜなら,現代経済は,働かないと食べていけない人(世帯)が増えたのに,みんながディーセントに(人間らしく)働けるかどうかを気にかけない経済であり,社会を自分たちの手で変えるべく知恵を絞らなければならないからです。このような経済であるのは,1990年代における雇用管理思想の変化が大きく影響しています。一般に,従来の日本企業には,雇用した(男性)社員をできるだけ長く勤務させることが,その忠誠心を維持しパフォーマンスを発揮させる合理的な働かせ方だ,だからそうすべきだ,という規範がありました。しかし日経連の『新時代の「日本的経営」』が,必ずしもこの規範にとらわれることはないと,「お墨付き」を与えたのです。

　かくして現代社会は,キャリア形成に関して個人で負うリスクがより大きい社会です。しかしだからといって,それは他者に頼ってはいけないという意味ではありません。独りでできることが多ければ多いほど,それだけその人は自立している,という自立

観は誤りです。自立とは，あなたが独りでできる部分と他者の扶けが必要な部分とを見極め，それと同時に，他者が独りでできる部分とあなたの扶けが必要な部分とを見極める知恵があることです。あなたが扶けを求めた他者（たとえば就職相談員や職業訓練指導員）は，実は，あなたによって，そのキャリアを扶けられています。

　みんなが気持ちよく働ける状態を実現するには，それぞれの具体的な能力の不安，具体的な職場の不満などを共有し，知恵を出し合っていくことが必要です。その開始地点が，それぞれの具体的な不安や不満を実際に声に出すという，実はけっこう勇気の要ることです。それには，第 *3* 章でも述べたような自分への「ゆるし」に加えて，互いの「ゆるし合い」が不可欠なのです。

　第 6 章「機械が取って代わるジョブ」は，テクノロジーと人間の生活・労働について考えました。スマホや IH 電子レンジや AI エアコンに囲まれて育ったみなさんに，「快適な生活って，いいなあ。テクノロジーって素晴らしいなあ」と思っていることでしょう。けれども，あなたの生活を快適にするそのテクノロジーは，事務職や販売職など，これまで大学生が就いてきた割合の高いジョブに取って代わってきたし，これからもますます取って代わっていくでしょう。しかしだからといって，「どんな仕事だと需要が伸びそうか」と躍起になっても意味がありません。イノベーションが生じるごとに，労働需要予測はいわば「振り出しに戻る」からです。

　いましっかり考えなくてはならないのは，便利さ・快適さ・愉快さをもたらすモノやサービスを享受すればするほど，自分自身にしかできない，自分自身の唯一無二の人生を生きることから疎外される，という事実です。どこかの誰かにコントロールされ，

「想定内」のコースを歩かされているような感じがどこか拭えない人生では，人生の主人公として楽しめないのです。なぜなら，あなたの感性と知性とが，あなたの内側から磨かれないで，「こういうのが合うんじゃありませんか？」と外側から商品として用意されたものには意外性がないからです。

　現場に赴いてそこにある現実のものや出来事を味わう力が退化すること。不愉快な物事や自分の思いどおりにならない物事を我慢しそれに対応する力が退化すること。実存的存在（生かされているという思いのなかで人生に充実感があること）から退化すること——これらはまずいことでしょう。

　そこで，人間として重要な力を伸ばすために，3つの助言をしました。第1に，現場に身を置き，感性と知性を研ぎ澄ませて，現物，人，出来事を体験すること。第2に，他者の判断の根拠を尋ねるクセをつけること。第3に，ほんとうにわからなくて困ったら，なぜ・どう困っているのかを人にきちんと説明すること。

　このようにして，「自分はこういうことを大切にして生きていきたい」という内的規準を鍛え上げれば，たとえば不幸にして就職できなかったり失業したりしたとしても，うずくまらないでいられるでしょう。「とりあえずこの道を進めば大丈夫なんじゃないか」と目前の，自分にできることを行ない，扶けてくれる人びとに出会いつつ，生きていけるでしょう。

第7章「社会には扶けてくれる他者がいる」は，人に頼るのが不器用な学生が多いということから話を始めました。人に頼るべきときに独りで悩んでいたり，頼るべき人をうまく見つけられないでいたりするのです。

　ただしより根本的な問題は，本当に解決したいのか？というところにあります。「背に腹は変えられない」あるいは「腹の虫が

おさまらない」という状態にならない限り，たいていの人は，「相談にも手間暇かかるし，自分が我慢すればいいか」と思うからです。このような思考と心理の回路になってしまうのも，わかるような気がします。でも，不正義と不利益に対して行動を起こす経験がないと，腰が重くなるのも事実です。経験値がないと，どのように物事が進むのかイメージが浮かばず，なんだか非常に難しく思われ，億劫になってしまいがちです。けれども，これからの長い人生のなかで，ここぞというときが訪れるかもしれません。現代の経済が，みんながディーセントに働けるかを気にかけない経済であるだけに，なおさらその可能性は高いのです。

したがって，働くことに関して失うものがより少ない大学生のときに，権利行使の「肩慣らし」をしておくのは，良い備えとなるのではないでしょうか。もちろん，「トラブルメーカー」になれ，と勧めているのではありませんよ。

労働者の権利に関する相談機関／職探しに関する相談機関／職業訓練機関などは，相互にネットワークを組んでいます。働いて生きていくことに関する悩みは，複合的であることが大変多いからです。したがって，もしみなさんが，「いろいろなことで困っているんだけど……」と，どこの相談機関・部門に行けばよいか迷ったら，「自分の中心的な相談内容に，これかな」と見当をつけて，まずは，その相談が一番得意そうな機関に行ってください。

このように，社会には扶けてくれる人がいますが，働くことに起因する何らかの問題が解決したらそれで終わり，ではなくて，普段から扶け合う職場がつくられることが，本当の解決だと思います。とはいえ，「自分のことだけで精一杯だ」と人は思いがちです。しかし，他者の荷物を全部背負わなくていいのです。各自が背負える分だけ分担して背負えばいいのです。解決の果実は何倍にもなって，みんなで味わえます。

互いに扶け合う職場というのは，働くことの原動力として非常に重要なのです。現代社会は，仕事の選好や適性，能率や生産性，競争が，働くことの原動力として強調されていますが，互いに扶け合って仕事をしたいという気持ちを原動力に入れてはいけない理由はどこにもありません。

2 どんな社会で生きてゆきたいか？
●言いたかったことを1枚の図で

　以上，第 *1* 章から第 *7* 章までの内容をザザーッとさらってみました。「そういえば，こういうことが書いてあった。でも，もっとスッキリわかりたい」。そんな感想が出てきそうです。実は私自身も，ザザーッとまとめた後は，「うーむ，もっとスッキリまとめたい」と思ったのです。

　そこで，第 *1* 章で提示した**図 1-2／1-3**（p.18）を応用して1枚の見取り図にまとめました。「個人／社会」の軸と「現実／理想」の軸とを組み合わせた図が，うまく使えるのです。**図 8-1**を見てください。各象限（かどマルの長方形）の中味は，人によっていろいろ変わるけれども，2つの軸を用いるという枠組み自体は，誰でも共通して使える。これが，「うまく使える」という意味です（もちろん，「軸」というのは視点なので，「自分は別の視点を用いて，違う図を用いて，こういうことを言いたい」という人はそうすればいいのです）。

　左側の第2象限と第3象限は，「社会の現実はこうなっている」「個人（ここでは主に学生のみなさん）の現実はこうなっている」という，本書の表明です。もちろん，現実のすべてではなく，その一部です。あらゆる現実を取り出すことなど，人間にはできませ

第Ⅱ部　社会のなかを手探りで進む

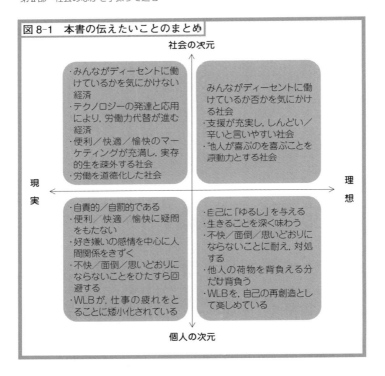

図8-1　本書の伝えたいことのまとめ

ん。ではなぜ本書は,「労働を道徳化した社会」や「便利・快適・愉快に疑問をもたない個人」といった, 現実の一部を取り出したのでしょうか。それは,「それはまずいでしょ」と筆者が思っているからです。だからこそ,「もっとこうならいいのになあ。みなさん, どう思います?」という理想を提案したくなるのです。つまり, ある現実を取り出し理想を提案するという行為は, 当人の問題意識に導かれています。

したがって, 本書が取り出した現実と提案している理想は, あくまでも, 筆者自身のものにすぎず, これらに対する賛否, 関連

する別の現実の取り出し方や理想の提示があるはずです。「そういうことだったのか、スッキリした」「たしかにそのとおりだ、なんだか不安になってきた」「あんたはちっともわかっちゃいない」「こういう現実が見えてないじゃん」「私の理想は、本書と真逆でしかじかです」——などなど、いろいろな意見／異見があると思います。

「いろいろな意見／異見を直接にみなさんから伺い、対話できたらどんなに楽しいことだろう！」と思うのですが、みなさんと筆者は読み手と書き手という関係ですので、残念ながらそれはなかなか難しいでしょう。そんなこともあり、各章末の対話的練習問題は、いろいろな意見／異見を述べてください、という内容になっています。

図8-1の第1象限は、「どんな社会で生きてゆきたいか？」というキャリアデザイン学の問いに対する筆者なりの解です。みなさんは、これをひとつの叩き台にして、自分自身の「こんな社会で生きてゆきたい」「こんな社会ならもっとみんながハッピーだろうな」といったビジョンを創り上げてみてください。

3 自己の本来的使命は何か？

どうすれば気づけるのか？

続いて、キャリアデザイン学のもう1つの問い、「自己の本来的使命は何か？」について述べます。繰り返せば、この問いに対する解は、誰かが教えてくれるものでも、心理テストをやってわかるものでもありません。では、どうすればよいのでしょうか。それは、誰にもわかりません。ただし少なくとも、**図8-1**の第3

象限にとどまっていては,気づくことはできない,とはいえるでしょう。不愉快／面倒／自分の思いどおりにならないことをひたすら回避したり,好き嫌いの感情を中心とした人間関係をきずいていたら,「人生には何度かあるはず」の,「『ああ,自分は生きているんだ』とか『俺の生きている意味はここにあるんだ』というのが垣間見える瞬間」(上田 2015, p. 175)は,いま・ここにあるかもしれないのに見えないでしょう。「そういう出会いを逃してはダメ」(上田 2015, p. 175)なのだけれど,逃してしまうのは簡単です。

　第3章でアリストテレスを引用して述べたように,愛はまず自己愛から出発します。心地よく,気持ちよくいたい。自分で自分を肯定したい。他者に評価されたい。優れているところがある,良いところがあると自他ともに認めたい。誰もがそうであると同時に,一人ひとり,ものの見方や感じ方が違う。だとすれば,人間と人間とのあいだには,近しい関係や対立する関係が生まれます。近しい関係はしばしば近すぎる関係となり,疲れます。お互い,相手に求めすぎてしまうからです。他方,対立する関係も疲れます。「アイツのほうがいけない」という他責的な見方による自己肯定は,ムダな燃料を大量に燃やし続けてしまうからです。

　いずれの場合も,人との距離が近すぎて,相手ばかりが視野のなかに大きく映って,自分が見えない。そこでは,自分の本来的使命に気づく出会いは見逃されてしまいます。では,どうすればよいのか。必要なのは自己抑制だと思うのです。

自己抑制から本来的使命へ

　自己抑制というと,なんだか窮屈な精神修養のように聞こえるかもしれません。おそらくそれは,自分だけ損する気がするからではないでしょうか。でも自己抑制とはそうではなく,広い視野

第8章　キャリアデザインを人生に活かす

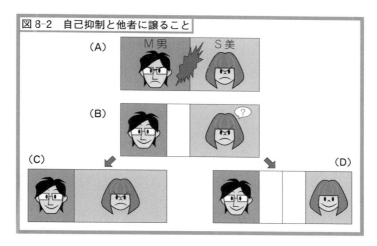

図 8-2　自己抑制と他者に譲ること

で状況を見渡すこと（そのうえで自分から先に相手に譲ること），というのがその神髄だと筆者は考えます。図 8-2 を見てください。これは，自己抑制と他者に譲ることの関係を模式的に表したものです。

（A）は，M 男と S 美が，お互いの言い分を譲らぬ「ガチンコ」状態で険悪です。このままではお互い不愉快で憎しみも生まれます。では，どうすればよいのかというと，どちらかが先に，ぐっと自分を抑えて（＝自己抑制），「これは私のだ」と主張したスペースを相手に譲ることです。それが（B）の状態です。M 男が「どうぞ」と S 美に譲っています。さっきまで「ガチンコ」状態にあった M 男がすっと引いたので，S 美は「ん？　なんだなんだ？」と思うでしょう。

では，S 美はどうするでしょうか。「やっぱり私のほうが正しくて，M 男のほうが間違っていたんだ。イエーイ♥」とか「結局，M 男って腰抜けね。私のほうが強いから勝ったんだ。ふっ

191

ふっふ♡」といった考え方で凝り固まりすぎた人間なら，(C)のように，M男が空けたスペースに，ぐいぐいと入り込んで占拠するでしょう。「……ってなったら嫌だな，しゃくに障る，くやしい！」なんてM男が思っていたら，この2人は(A)の状態に膠着したままです。

　これに対して，(B)のM男は，勝ち負けや損得への固執を捨て去っています。こうした潔い態度は，しばしば，相手に影響を与えます。突然に「全然違う世界から見下ろされた感」が訪れるので，S美も，勝ち負けや損得に固執することの無意味さ（馬鹿馬鹿しさ）に気づき，自分のスペースをM男に譲ることでしょう。それが(D)の状態です。

　たとえS美がそうならず，(C)のようにふるまう結果になったとしても，それはM男の責任でもなければ，M男が負けたわけでも損したわけでもありません。目先の勝ち負けにしばられずにこうした態度を選択したM男は，自己の本来的使命に気づくきっかけをつかみはじめたといっていいでしょう。

　自己の本来的使命に気づくには，精神的なゆとりが必要です。日々の勉強や仕事に追われ，人間関係であれこれと気をつかい，相手に求めすぎたり求められすぎたり，また，対立や諍(いさか)いが起こったり……。そんななかで，どうすれば，精神的ゆとりをもつことができるのでしょうか。

　精神的ゆとりをもつためにまず必要になるのが，広い視野をもつことです。自分が相手に譲る結果，相手も自分を尊重しようと考えるかもしれない。こうした起こりうることに対する想像力は視野を広くもたなければ得られないものです。つまり精神的ゆとりとは，実は自分では直接には創り出せない。それは自己抑制によって，相手にスペース＝ゆとりの時空を譲ることによって，相手もあなたに同じことをしてくれる，そうやってはじめて生まれ

サプリメント・コラム⑩：制限時間内に質の高い文章を書くには？

　みなさんは，大学の期末論述試験で，「時間が足りなくて書きたいことが書けなかった。レポート課題だったら，もっと時間を割けるから，もっと存分に書けたのに」と思ったことはありませんか。筆者も同じように思うことがしばしばあります。けれども私たちは，限られた，しかも非常に限られた時間のなかで，何らかの文章を書くことが求められます。みなさんは今後，そうしたことがどんどん増えていきます。就活でのエントリーシートがそうですし，就職での筆記試験，内定者に課される課題作文など，いろいろ出てきます。したがって，「もっと時間があったら，もっとちゃんと書けたのに」と「負け惜しみ」を言うのではなく，制限時間内に質の高い文章を書く実力をつけなくてはなりません。

　そこでまずは，大学の期末論述試験で，「（たとえば）60分という時間内に自分はどれくらいの分量の文章を書けるのか？」という観点から，自分の実力を把握してみてください。もちろん問題のレベルにもよりますが，「B4縦書きの解答用紙に，50分書いていたとして，まあ，40行くらい。オレは字がデカいから，1行30字として，1200字。原稿用紙3枚くらいかな」といったかたちでつかむとよいでしょう。

　このように数値化して自分の書く力を把握しておくと，似たような経験に遭遇したときに，目安を立てることができます。たとえば，60分の入社筆記試験で，「子どもの数が減るなかで，塾・予備校産業はどうすれば増収できるか，800字以内で述べなさい」という問題が出たとすると，「800字なら40分を見ておけばいいかな。論文の組み立てにしっかり15分かけよう」といった作戦を立てることができます。

　ちなみに，試験開始後すぐに文章をだーっと書き始めた人がいたら，「コイツには勝った」と思っていいですよ（笑）。その人は，おそらく，よっぽど頭がいいというよりは，文章を書くには構成（組み立て）が肝心だ，ということを知らない人だからです。慌てずに，構成にじっくり時間をかけてから，おもむろに書き始めましょう。

るものです。

　その結果が，ここでは（D）の状態です。そこでは，M男とS美のあいだには隙間があり，近すぎる関係も対立する関係も生まれません。こうした隙間があってこそ，ゆるりとしていていいんだよ，世間の眼（自分は有能か，人に負けていないか，社会に役立っ

ているか,嫌われていないか……などなど)を気にせず,本来の自分自身としてゆったり構えていていいんだよ,と言ってもらえるような気分になれます。ドイツの精神科医であったマックス・ピカートの言葉を借りていえば,これは「沈黙」なのです。「沈黙は今日では『利用価値なき』唯一の現象である。沈黙は,現代の効用価値の世界に少しも適合するところがない。沈黙はただ存在しているだけである……だから,人々はそれを搾取することが出来ないのである」(1948/2014, p.5)。このような時空=沈黙があってこそ,精神的ゆとりが生まれるでしょう。

　自己の本来的使命に気づくには,まずは目の前の欲しいものを相手に譲ることだ,と思います。そのあとでようやく,心から望むものや,自分が譲ってはならないものについて気づくことができるでしょう。

おわりに:「キャリア教育」から「キャリアデザイン学」へ

　本書にお付き合いいただいたみなさんは,自分があたりまえに受けてきた「キャリア教育」を相対化することから始めて,ついに最終ページ近くまでやってきました。「キャリアデザイン学」って,「キャリア教育」とは全然違うんだ,ということが(少しでも)おわかりいただけたかと思います。そうなのです,「キャリアデザイン学」とは,進路学習や進路選択にとどまるものではまったくありません。自己の本来的使命は何か,どんな社会で生きてゆきたいかを問い続ける——それは具体的には,他者を扶け他者に扶けられ,自己と他者とをゆるせるようになるなかで,他者を信頼していく,かつ,この過程を省察する,そんなクリエイティブな営みなのです。

　どうすれば,こうしたクリエイティブな学び方・生き方ができるのでしょうか。日々の学生生活を,まさにそうやって過ごそう

としていくこと。そうすることでしか身につきません。「将来は〇〇になりたい」「明日から〇〇の勉強をしよう」——ある意味，目標を掲げるのは楽で簡単なのです。それは往々にして，現在のダメな自分・理想と違う自分・嫌いな自分に向き合わなくて済む「未来への逃避」となるからです。

　でも，未来に逃避するのはやめよう。現在という動かしがたい大地にとにかく立ち（疲れたら座っても，もちろんオッケー），足元から耕していこう。なぜなら，必然は自由の母なのだから。

●対話的練習問題⑧:あなたにとっての「脅威」と「解放」

　本書は,あなたにとって,どこが「脅威」で,どこが「解放」だったでしょうか。また,どこが納得いかない／賛成できなかったところでしょうか。それぞれ,なぜそうだったのでしょうか。述べてください。

　「脅威」とは,「知らない方が幸せだった」「もっとしんどくなった」など,あなたを"uneasy,"つまり,楽しくない,落ち着かない,乱される,といった状態にするものです。

　「解放」とは,「知識が増えて良かった」「考え方が広がって嬉しかった」など,あなたを"relaxed and confident,"つまり,伸びやかで自信が出てくるような状態にするものです。

引用・参考文献

※難易度を4段階でつけています：Ⓐ＞Ⓑ＞Ⓒ＞Ⓓ

新井紀子（2010）『コンピュータが仕事を奪う』日本経済新聞出版社：Ⓑ

アレント，ハンナ（1958/1994）『人間の条件』（ちくま学芸文庫）志水速雄訳，筑摩書房：Ⓐ

アリストテレス（古代ギリシア時代/1971）『ニコマコス倫理学（上・下）』（岩波文庫）高田三郎訳，岩波書店：Ⓐ

ブーバー，マルティン（1923&1932/1979）『我と汝・対話』（岩波文庫）植田重雄訳，岩波書店：Ⓐ

コント＝スポンヴィル，アンドレ（1995/1999）『ささやかながら，徳について』中村昇・小須田健・C.カンタン訳，紀伊國屋書店：Ⓐ

遠藤野ゆり（2014）「キャリア教育――存在を肯われて生き方を選ぶ」遠藤野ゆり・大塚類『あたりまえを疑え！――臨床教育学入門』新曜社：Ⓒ

藤原智美（2008）『検索バカ』（朝日新書）朝日新聞出版：Ⓓ

ヘイリー，アーサー（1971/1975）『自動車』永井淳訳，新潮社：Ⓓ

浜田寿美男（2012）『子どもが巣立つということ――この時代の難しさのなかで』ジャパンマシニスト社：Ⓒ

初野晴（2015）「リアルの世界に立ち向かうために」（巻末解説）『追い風に帆を上げよ（下）――クリフトン年代記 第4部』（新潮文庫）ジェフリー・アーチャー著，戸田裕之訳，新潮社：Ⓓ

林修（2014）『いつやるか？ 今でしょ！――今すぐできる45の自分改造術！』（宝島SUGOI文庫）宝島社：Ⓓ

磯部潮（2003）『人格障害かもしれない――どうして普通にできないんだろう』（光文社新書）光文社：Ⓒ

神谷美恵子（1966/2004）『生きがいについて』（神谷美恵子コレクション）みすず書房：Ⓐ

カント，イマヌエル（1800/2001）「論理学」『カント全集 17 論理学・教育学』湯浅正彦・井上義彦・加藤泰史訳，岩波書店：Ⓐ

熊沢誠（2006）『若者が働くとき──「使い捨てられ」も「燃えつき」もせず』ミネルヴァ書房：Ⓑ

ルッツ，トム（2006/2006）『働かない──「怠けもの」と呼ばれた人たち』小澤英実・篠儀直子訳，青土社：Ⓑ

御厨貴（2002）『オーラル・ヒストリー──現代史のための口述記録』中央公論新社（2011年の再版増刷の特点で補章が加筆）：Ⓑ

水野秋（2001）『太田薫とその時代──「総評」労働運動の栄光と敗退』（上・下）同盟出版サービス：Ⓐ

文部科学省（2006）「小学校・中学校・高等学校 キャリア教育推進の手引」

文部科学省（2011）「高等学校 キャリア教育推進の手引き」

「日本の教育システム研究」グループ「人材形成の失敗」サブグループ（2007）『日本の人材形成における「成功」／「失敗」とは？──学者，教師，専門家をゲストスピーカーに迎えた研究会の記録──』（独立行政法人日本学術振興会人文・社会科学振興プロジェクト研究領域Ⅰ-②「失われた10年」の克服──日本の社会システムの再構築プロジェクト研究の報告書）：Ⓒ

永井淳（1978）「解説」『自動車』（新潮文庫）アーサー・ヘイリー著，永井淳訳，新潮社：Ⓓ

大塚類（2014）「カウンセリング──内なる声を聴く」遠藤野ゆり・大塚類『あたりまえを疑え！──臨床教育学入門』新曜社：Ⓒ

『おそい・はやい・ひくい・たかい』No.86，特集「成績・進路，生活習慣も？『段取りママ』は子育て上手！？」ジャパンマシニスト社，2015：Ⓓ

ピカート，マックス（1948/2014）『沈黙の世界』佐野利勝訳，みすず書房：Ⓐ

サルトル，ジャン＝ポール（1960/1965）「方法の問題」平井啓之訳『世界の大思想29 サルトル』河出書房：Ⓐ

清水義範（2001）『作文ダイキライ』（学研M文庫）学習研究社：Ⓓ

霜山徳爾（1989／2012）「不在者の浮上――イメージ心理学の基盤」『素足の心理療法』みすず書房：Ⓐ

『週刊ダイヤモンド』2015年8月22日号，特集「機械が奪う300兆円市場　激変する職業と教育の現場」ダイヤモンド社，2015：Ⓓ

鈴木茂（2001）『人格障害とは何か』岩波書店：Ⓐ

武田砂鉄（2015）『紋切型社会――言葉で固まる現代を解きほぐす』朝日出版社：Ⓓ

筒井美紀（2014）『大学選びより100倍大切なこと』ジャパンマシニスト社：Ⓓ

上田紀行（2015）『人間らしさ――文明，宗教，科学から考える』（角川新書）KADOKAWA：Ⓓ

植上一希・寺崎里水・藤野真（2014）『大学生になるってどういうこと？――学習・生活・キャリア形成』大月書店：Ⓓ

渡辺和子（2005）『「ひと」として大切なこと』（PHP文庫）PHP研究所：Ⓓ

ヴェイユ，シモーヌ（1960/1995）『重力と恩寵――「カイエ」抄』（ちくま学芸文庫）田辺保訳，筑摩書房：Ⓐ

あとがき

　思い起こせば本書は，2012年に，有斐閣から刊行される書籍の1章を担当したとき，編集の四竈佑介さんの知己を得たことが始まりだった。諸般の事情で企画はなかなか前に進まなかったが，その間に私が，その場その場の思いつきで喋ったことや，そのときそのとき自分の頭を占有していた考えを断片的に書きつけたメモが，あらあら不思議，四竈さんの手にかかると，「章立て原案」としてまとめ上げられていた。2015年の春のことである。
　それを眺めていると，脳ミソの奥にしまい込まれて忘れていたアイデアが急に飛び出してきたり，もっとこんなことを書きたいと新たな思いつきが生まれたり，いつものごとく勉強不足を痛感し慌てて書物を紐解いたり，思い切って章の順番を入れ替えたりと，四竈さんの原案は素晴らしい叩き台であった。それこそ思い込みが激しく，力量不足の著しい筆者に，まるまる1冊を任せるのはヒヤヒヤものであったにちがいない。そんな懸念を吹き飛ばしたい，ここでやらねば女が廃ると思い，夏休み後半から新学期開始しばらくまで，アイデアを詰め構想を練り執筆することに，文字どおり没頭した。
　10月初旬に提出した草稿を，四竈さんは隅から隅まで読んで，目配りの効いたコメントを，クスクスと笑えてしまう感想とともにくださった。初校ゲラ，再校ゲラの段階でも，細部をおろそかにしない鉛筆書きの指摘がビッシリ書き込まれていた。本書が読みやすく，何かが伝わる内容になっているとすれば，それはひとえに真摯でお茶目な編集者のお陰である。
　ヒノアユミさん，「脱・有斐閣」感が満載の可愛らしいイラス

あとがき

トを，草稿を読んで描いてくださって，どうもありがとうございました。S美とM男とU輔って，こんな顔になるのですね（笑）。

　年明けにリライトした草稿を，海外出張の飛行機のなかという，絶好の爆睡タイムを犠牲（sacrifice）にして読んでくださった，同僚の遠藤野ゆり先生にも厚く御礼申し上げる。筆者の思考回路からすると考察が浅くなりがちな，でもクリティカルな点を逃さず指摘してくださった。まあ，そのことをとおして筆者は，ダメで至らぬ自分に向き合わされるというオマケ付きなのだが，それに耐えつつ，草稿をもう一捻りすることに努めた。

　ところで本書は，2014〜2016年度・日本学術振興会科学研究費補助金（基盤研究C）「就労支援者の生きられた労働と変革的組織化に関する教育・労働社会学的研究」（研究代表者・筒井美紀，研究課題番号：26381151）の，研究成果の一部である。この科研費研究において筆者は，就労支援に携わるさまざまな立場の人びと――自治体，職業訓練機関，NPO，高校，労働組合，中小企業などの人びと――にインタビューを続けている。まちや職場が廃れ，人間が疲れていくことに心を痛め，まちや職場に活気を取りもどし，人間が尊厳と希望をもって働き暮らしていくような社会を創りたいと，それぞれの持ち場でなされている地道な努力から得た刺激は，本書の第5, 6, 7章を中心に言語化した。「どんな社会で生きてゆきたいか」という，人間の実存まで戻って考えずにはゆかない問いを常に投げかけてくださるみなさんに，一人ひとりお名前を挙げることはできないが，記して感謝を申し上げたい。

　以上のように本書は，筆者の近年の研究テーマと，大学教育における学生のみなさんとの交わりのなかで考えさせられたこと・伝えてきたこととを織り合わせたものである。筆者の専門は教育社会学・労働社会学であり，2010年に法政大学に移ってからは，

「キャリアデザイン学って何だ？」ととまどう日々であったが，ひとまず自分なりの解答を出したつもりでいる。

　そんな本書を，主な読者として想定している学生のみなさんが，どんなふうに読んでくださるのか。書いたものを出すのは，いつでも恥ずかしく怖いものなのだけれども，何か少しでも届くものがあれば，心から嬉しく思う。忌憚の無いコメント・感想をいただければ幸いである。

　最後に。若いみなさんが，大地にしっかり足をつけ，ときおり天を仰ぎ見られんことを。

　　　2016 年 8 月

　　　炎天下に只見川はただ揺蕩う

　　　　　　　　　　　　　　　　　　　　　　　　筒井　美紀

INDEX

◆あ 行

誤った自立観　119, 151
アリストテレス　57, 190
異　見　9, 25, 35, 143, 189
磯部潮　108
ヴェイユ, シモーヌ　72, 122
上田紀行　134
請負労働　83, 180
遠藤野ゆり　73
大塚類　32

◆か 行

外的規準（→内的規準）　71, 72, 99, 179
神谷美恵子　40, 41
感情の次元（→知性の次元）　34, 35, 41, 62-64, 90
カント, イマニュエル　21
キャリア・ヒストリー研究　91-93
キャリア教育　3, 8, 11, 14, 19
キャリアデザイン（学）　3, 9, 42
　　――の定義　9, 19
熊沢誠　16
権利行使の「肩慣らし」　154, 155, 168, 186
雇用形態　13, 180
雇用契約　81-83, 114
コント＝スポンヴィル, アンドレ　58

◆さ 行

再創造（recreation）　96, 98, 100, 181, 188
サルトル, ジャン＝ポール　31
産業／業種（industry）　7, 22, 79, 89, 180
自己愛　57, 58, 144, 179, 190
　　歪んで表出される――　58
自己抑制　190-192
自責的　72
実存的存在（からの退化）　137, 140, 185
霜山徳爾　96, 97
社会的現実（リアリティ）　79, 83, 88, 89, 93, 181
社会的紐帯　24, 177
従業上の地位（employment status）　79, 80, 83, 180
終身（長期）雇用制度　5, 85, 113, 180
職業（occupation）　79, 83, 86, 126, 150, 180
人文・社会科学　29, 36, 38-40, 42, 47, 49, 65, 95
数字は語る　79
成熟回避　25, 53, 178
世帯（household）　79, 83-86, 104, 105
　　単身――　83-86

◆た 行

耐　性　38, 39, 49
　　嫌なヤツへの――　40
　　不愉快な物事への――　135
他責的　109, 183, 190
知性の次元（→感情の次元）　35
ディーセント・ワーク（decent work）　104, 110, 111, 118, 119, 122, 155, 183, 186, 188
ディテール（具体的事実）　45, 47,

203

48, 88, 89, 131
寺崎里水　64

◆な　行

内的規準（→外的規準）　72, 98, 144, 145, 185

◆は　行

派遣労働　82, 180
働くこと（労働）の道徳化　106, 107, 109, 110, 118, 181, 183, 188
浜田寿美男　171
ピカート，マックス　194
BtoC（Business to Consumer）　86-88
BtoB（Business to Business）　86-89, 180
本来的使命　19-22, 24-26, 67, 141, 189, 190, 192

◆ま　行

御厨貴　92

水野秋　92
未来への逃避　195
みんなが素人の社会　23, 24, 152, 170
無償労働　80, 180

◆や　行

有償労働　10, 80, 180
ゆるし／ゆるす　72, 73, 122, 123, 151
　――の伝播　122
汚れ（ること）　36-39, 49

◆ら　行

ルッツ，トム　108

◆わ　行

ワークライフバランス　79, 94, 95, 99, 181
渡辺和子　20

◆著者紹介

筒井 美紀（つつい・みき）

法政大学キャリアデザイン学部教授

　東京大学大学院教育学研究科博士課程単位取得退学，博士（教育学）。

　京都女子大学准教授，法政大学キャリアデザイン学部准教授を経て，2015 年より現職。

　近著に，『就労支援を問い直す――自治体と地域の取り組み』（共編著，勁草書房，2014 年），「大阪府における地域雇用政策の生成に関する歴史的文脈の分析――就労困難者支援の体系化に対する総評労働運動の影響」（『日本労働社会学会年報』第 27 号，2016 年），『大学選びより 100 倍大切なこと』（ジャパンマシニスト社，2014 年）など。

殻を突き破るキャリアデザイン
――就活・将来の思い込みを解いて自由に生きる
Career Design for Break Through

2016 年 11 月 20 日　初版第 1 刷発行

著　者	筒　井　美　紀	
発行者	江　草　貞　治	
発行所	株式会社　有　斐　閣	

郵便番号 101-0051
東京都千代田区神田神保町 2-17
電話 （03）3264-1315〔編集〕
　　 （03）3265-6811〔営業〕
http://www.yuhikaku.co.jp/

印刷・大日本法令印刷株式会社／製本・大口製本印刷株式会社
© 2016, Miki TSUTSUI. Printed in Japan
落丁・乱丁本はお取替えいたします。
★定価はカバーに表示してあります。
ISBN 978-4-641-17425-2

JCOPY　本書の無断複写（コピー）は，著作権法上での例外を除き，禁じられています。複写される場合は，そのつど事前に，(社)出版者著作権管理機構（電話03-3513-6969，FAX03-3513-6979，e-mail:info@jcopy.or.jp）の許諾を得てください。